Karneval für Imis

© Hermann-Josef Emons Verlag
Alle Rechte vorbehalten
© alle Fotos: Jens Baumeister
Die Stadtpläne in diesem Buch wurden von Jens Baumeister erstellt,
auf Basis von Kartendaten der OpenStreetMap Foundation.
© der Kartendaten: OpenStreetMap-Mitwirkende, CC-BY-SA
© der Stadtplangrafiken: Jens Baumeister
Rechtsverbindlicher Lizenztext für das Kartenmaterial:
http://creativecommons.org/licenses/by-sa/2.0/legalcode
Der Urheberrechtsschutz für alle sonstigen Bilder und Texte
in diesem Buch bleibt hiervon unberührt.
Umschlaggestaltung: Weusthoff-Noël, Hamburg (www.wnkd.de)
Gestaltung Innenteil: Eva Kraskes, Köln
Druck und Bindung: CPI – Clausen & Bosse, Leck
Printed in Germany 2010
ISBN 978-3-89705-778-4
Originalausgabe

Unser Newsletter informiert Sie
regelmäßig über Neues von emons:
Kostenlos bestellen unter
www.emons-verlag.de

Jens Baumeister

Karneval für Imis

Ein Survivalguide durch den Kölner Karneval

emons:

Inhalt

Willkumme in Kölle –
Einleitung

Esu e wunderschön Jeföhl
kritt mer he schnell,
wemmer't nur well.
Bläck Fööss, »Loss mer singe«

(So ein wunderschönes Gefühl
kriegt man hier schnell,
wenn man's nur will.)

»Als ich als Türkin hier zum ersten Mal Ostern mitfeiern wollte,
da musste mir jemand erklären, wie das geht: Was macht man da,
was ist das für eine Tradition? Wann packt man die Eier wohin?
Und genauso ist das mit Imis im Karneval – einer muss es erklären.
Aber ich glaube, egal, was man tut – wenn einer als Imi da
reinkommt, wird er immer erst einmal einen Schock bekommen.
Man kann ihn nur möglichst gut vorbereiten und dann sagen:
Viel Glück, viel Spaß!«
Selda Akhan, Regisseurin der »Immisitzung«

Eines vorneweg: Falls Sie eingefleischter Karnevalsfeind sind und hoffen, dass Sie hier Tipps bekommen, wie Sie dem jecken Chaos in Köln entgehen können: kein Problem! Nutzen Sie die Karnevalstage für einen entspannten Nordsee-Urlaub, eine ausgedehnte DVD-Session mit stapelweise Tiefkühlpizza oder was Sie sonst gern machen. Aber bleiben Sie um Gottes willen den

Kneipen und der Innenstadt fern! Das ist besser für Sie und alle anderen. Dieses Buch können Sie nun entweder ins Regal beim Händler zurücklegen, verschenken oder weiterverkaufen, denn wenn Sie Karneval wirklich nichts abgewinnen können, werden Sie nicht mehr für sich darin finden.

Für alle diejenigen aber, die das hier lesen, weil sie neugierig auf den Kölner Karneval sind: Herzlichen Glückwünsch, Sie haben sich richtig entschieden! Nicht nur mit dem Kauf dieses Buches, sondern auch, weil Sie es wagen wollen, als Imi, also als Nicht-Kölner, einmal in den Karneval der Domstadt einzutauchen. Nur danebenzustehen und blöde Sprüche zu klopfen, ist billig – mitzufeiern und noch viel blödere Sprüche zu klopfen, ist lustig.

Für Besserwisser:

Was sind Imis?

»Imi« – heute manchmal auch »Immi« geschrieben – ist die Kölsche Bezeichnung für Nicht-Kölner. Warum nicht einfach »Auswärtiger« gesagt wird? Wahrscheinlich, weil man Imis damit nicht so gut verwirren könnte. Näheres dazu im nächsten Kapitel.

Aus kölscher Sicht ist das Grundproblem eines jeden Imis: Er kann nicht feiern. Zumindest nicht so wie die Kölschen. Und auch wenn's wehtut: Das stimmt leider. Man mag den Kölnern vorwerfen, dass sie jede Gelegenheit nutzen, um sich selbst zu feiern, aber das zumindest können sie. Das Praktische ist nun: Das kann man lernen. Es ist gar nicht so schwer.

Manche von Ihnen fragen sich jetzt sicher, ob sie das überhaupt lernen wollen. Vielleicht müssen Sie auf irgendeinen Kostümball, weil der Chef es angeordnet hat, und Sie kennen Karneval bisher nur aus dem Fernsehen oder aus trostlosen Stimmungslokalen in der norddeutschen Provinz. Vielleicht waren Sie aber auch schon einmal im Kölner Karneval unterwegs und wurden verdammt enttäuscht, weil sich Ihnen nicht erschlossen hat, was an sturzbetrunkenen Jugendlichen und Ballermann-Musik aus überfüllten Kneipen so toll sein soll. Um das gleich vorneweg zu beantworten: Daran ist gar nix toll. Das wird Ihnen auch jeder Kölsche bestätigen. Mit Ausnahme der Minderheit der Ballermann-Musikhörer und sturzbesoffenen Jugendlichen.

Aber auch mancher Kölner kann nichts (mehr) mit einem von vorne bis hinten durchkommerzialisierten Fest anfangen, bei dem es Zehntausende von Euros kostet, »einmol Prinz zo sin«, und manche Bühnenkünstler an einem Abend mehr verdienen als ein durchschnittlicher Angestellter mit einem Vierteljahr Arbeit. BAP-Sänger Wolfgang Niedecken erklärte schon in den 1980er Jahren, der Karneval, an dem ihm früher viel gelegen hatte, lasse sich inzwischen »nur noch im Suff ertragen«, und verpackte seine Ablehnung sogar in einen BAP-Song (»Nit für Kooche«). Es stimmt ja auch: Karneval, das sind Vereinsmeier und besoffene Jugendliche, infantile Trinklieder aus überfüllten Kneipen, Klüngel, Fremdgehen, Schlägereien, handfeste Geschäftsinteressen und abgebrühte Frohsinnsprofis.

Aber für den, der es mag, ist Karneval auch etwas ganz anderes. Karneval, das sind Ferien vom Alltag, die Zeit, in der die Verkleidung alle gleichmacht, in der alle die gleichen – manchmal albernen, manchmal sentimentalen – Lieder hören und mitsingen, in der wildfremde Menschen einem plötzlich ein Kölsch in die Hand drücken, einfach, weil man gerade da ist. Karneval, das ist so, wie als Kind in Omas Garten herumzutollen und sich danach mit Schokoladenkuchen vollzustopfen. Und am nächsten Morgen, wenn man wieder zurück in den Alltagstrott muss, fragt man sich, wieso eigentlich nicht jeder Tag so sein kann.

Huch, werden Sie sich jetzt gedacht haben, was ist denn nun passiert? Klang Ihnen das gerade zu pathetisch? Vielleicht sogar ein bisschen sektiererisch? Da müssen Sie durch. Denn gerade mitten in der Heiterkeit drückt der Kölner gern mal auf die Tränendrüse – so rein des Kontrastes wegen. Mit etwas Glück hat der hymnische Absatz eben aber noch einen weiteren Zweck erfüllt: Nämlich den, Sie neugierig zu machen, wieso zum Geier manchen Leuten Glückstränen in die Augen treten, wenn sie über ein paar Tage kostümierter Brauchtumspflege sprechen. Bitte sehr, Ihnen kann geholfen werden. Auch Sie können so weit kommen, dass Sie am Aschermittwoch schwermütig durch die Straßen laufen und sich fragen, wie Sie die unsäglich lange Zeit bis zum nächsten Karneval überbrücken sollen.

Aber Achtung: Sie müssen es wirklich wollen. Keine halben Sachen. Damit wäre auch geklärt, wie das Bläck-Fööss-Zitat über diesem Kapitel an seinen Platz gekommen ist. Karneval funktioniert nur, wenn man sich fallen lässt. Ohne Netz und doppelten Boden. Nicht skeptisch »das Wasser antesten«, sondern rein ins Becken – mit Karacho und Arschbombe. Übrigens: Selbst der oben erwähnte notorische Karnevals-Vermeider Wolfgang Niedecken hat im Jahr 2010 gemeinsam mit dem Festkomitee einen Wagen für den Rosenmontagszug vorgestellt. So ganz lässt Karneval auf Dauer eben niemanden kalt.

Wenn Sie also nach allem bisher Gesagten kein bisschen Blut geleckt haben und keinerlei Drang verspüren, rauszukriegen, was die Kölschen so an der »fünften Jahreszeit« (im Übrigen ein selten dämlicher Ausdruck) fasziniert: Lesen Sie noch einmal ganz in Ruhe den ersten Absatz dieses Kapitels und überlegen Sie, ob das nicht vielleicht doch die bessere Strategie für Sie ist.

Für den Rest gilt: Kommen Sie rein. Das Kölsch ist schön kühl!

Aufbau des Buches

Bevor es losgeht, noch ein paar lästige Worte zum Aufbau des Buches. Das Buch gliedert sich in zwei Hauptbestandteile:

Im ersten Teil des Buches kriegen Sie Infos und Tipps zum Karneval: Wo kommt das Ganze überhaupt her? Wer singt welches Lied, und warum ist das toll? Was ist der Unterschied zwischen Prunk-, Stunk- und Trunksitzung, und sollte man überhaupt in Sitzungen gehen? Mit welchen Kostümen fällt man angenehm auf, mit welchen unangenehm? Wie benehme ich mich in Kneipen? Wie reagiere ich, wenn ich gebützt werde, und was ist das eigentlich? Und muss am Aschermittwoch wirklich alles vorbei sein, selbst wenn meine aktuelle Bekanntschaft so wahnsinnig nett ist?

Danach folgt das, was man neudeutsch »Service-Teil« nennt – sprich Kneipentipps, Karnevalszugstermine und -strecken, Adressen für Eintrittskarten und mehr.

So, alle Klarheiten beseitigt? Dann steht Ihrer Entdeckungsreise in den Kölner Karneval nichts mehr im Weg.

Sach eens Blootwoosch –
Kölsches Karnevals glossar

Ding Sproch dat is e Kauderwelsch, ne herrliche Jesang,
ich hür dir zo un bliev bei dir, mie janzes Levve lang.
Jürgen Wunderlich, »E janz klein Stück vun Kölle«

(Deine Sprache ist ein Kauderwelsch, ein herrlicher Gesang.
Ich hör dir zu und bleib bei dir, mein ganzes Leben lang.)

Gerade als Imi sieht man sich in Köln mit einem Haufen unverständlicher Begriffe konfrontiert, zum Beispiel mit dem Wort »Imi«. Was ist das, und woher kommt das? Wer ist der Nubbel, und warum ist er an allem schuld, und wieso rufen alle nach »Strüssje«?

Damit Sie im Karneval richtig mitreden können, gibt es hier als handliche Übersicht die Bedeutung der wichtigsten Begriffe rund um die fünfte Jahreszeit und kölsche Kultur im Allgemeinen.

Eine kurze Anmerkung noch zur kölschen Rechtschreibung, wie sie in diesem Buch gepflegt wird: Im Grunde genommen ist Kölsch keine Schriftsprache. Nicht einmal die Kölner sind sich einig, wie man es richtig aufschreibt: »M'r« oder »mer«, »Zoch« oder »Zog« sind nur zwei von vielen Streitfällen. Deshalb habe ich beschlossen, mir keine zu großen Gedanken über eine »korrekte« Rechtschreibung zu machen und mich jeweils für die Schreibweise entschieden, die mir am passendsten erschien. Ich bin Imi, ich darf das.

Karneval

Alaaf: Rheinischer Karnevalsgruß; für Imis oft so ungewohnt, dass er ihnen nur zögernd über die Lippen kommt. Woher das Wort kommt, weiß keiner so genau. Eine der häufigsten Herleitungen führt es auf »al aaf« zurück, also »alles weg«. »Kölle alaaf« hieße demnach: »Außer Köln alles weg« oder – weniger politisch korrekt – »Köln über alles«. Daneben gibt es noch viele andere Deutungsversuche. Viel wichtiger als der Ursprung ist jedoch: Rufen Sie in Köln stets alaaf, niemals helau. Letzteres beschert Ihnen zumindest böse Blicke, wenn es nicht gar als Provokation aufgefasst wird.

Bützen: Ein Küsschen geben – sei es auf die Wange oder den Mund. Gebützt wird mit spitzen Lippen und ohne Zunge! Zu Karneval und vor allem an Weiberfastnacht ist das Bützen fremder Menschen erlaubt. Ein Bützje (= Küsschen) auszuschlagen, gilt als zumindest unhöflich. Bützen ist eine rein freundschaftliche Angelegenheit und nicht automatisch als Einladung zu weiteren Zudringlichkeiten zu verstehen. Merke: Bützen verhält sich zu Knutschen so wie Händeschütteln zu Händchenhalten.

Dreigestirn: Die offiziellen Repräsentanten des organisierten Karnevals. Es besteht traditionell aus den Figuren Prinz Karneval, Bauer und Jungfrau, deren Darsteller jedes Jahr aus einer anderen Karnevalsgesellschaft kommen und allesamt von zahlungskräftigen Mitgliedern der Kölner Gesellschaft verkörpert werden. Schließlich bringt das jecke Amt eine ganze Menge an Unkosten mit sich – und dazu noch Terminstress und Verdienstausfall durch die Repräsentationspflichten. Trotzdem ist jeder Kölner von Geburt an dazu verpflichtet, einmal im Leben Prinz sein zu wollen, was er auch gern in entsprechenden Liedern besingt.

Das Dreigestirn ist in dieser Form eine ziemlich moderne Erfindung: Mit der Karnevalsreform 1823 wurde zunächst der »Held Carneval« als zentrale Figur des jecken Treibens eingeführt. Etwas später etablierte sich die Jungfrau als Hinweis auf die »Jungfräulichkeit«, die sich die Reichsstadt Köln dadurch bewahrte, dass sie über Jahrhunderte nicht erobert wurde, und an ihrer Seite der Bauer als Symbol für die Wehrhaftigkeit, die ebendiese Jungfräulichkeit beschützte. 1883 wurden diese Figuren dann zum Dreigestirn zusammengefasst. Falls Sie sich wundern, wieso ausgerechnet ein Bauer die Wehrhaftigkeit symbolisiert und nicht etwa ein Ritter oder ein General: Der Bauernstand war über Jahrhunderte hinweg dafür zuständig, die Stadt zu verteidigen, und machte dabei allem Anschein nach eine bessere Figur als die Stadtsoldaten (siehe auch »Funken«).

Elferrat: Eine Art Organisationskomitee in Karnevalsgesellschaften, das sich um die Ausrichtung von Sitzungen, Bällen, Umzügen und ähnlichen Veranstaltungen kümmert. Als Belohnung dafür sitzen sie bei der Sitzung links und rechts des Sitzungspräsidenten auf der Bühne. Anders als der Name vermuten lässt, kann der Elferrat durchaus aus zwölf oder mehr Personen bestehen, die sich die organisatorischen Pflichten teilen – in der Regel kommen aber nur elf von ihnen für eine Sitzung auf die Bühne.

Fasteleer oder **Fastelovend:** Kölscher Ausdruck für Karneval – entsprechend der alemannischen Bezeichung »Fastnacht«. Rührt daher, dass der Höhepunkt der Session quasi am »Vorabend« der Fastenzeit stattfindet.

Festkomitee: 1823 als »Festordnendes Komitee« gegründet, sind in diesem Verein über 100 Kölner Karnevalsgesellschaften zusammengeschlossen. Das Festkomitee organisiert die großen Sitzungen und viele der Karnevalszüge. Gegründet wurde es seinerzeit, um den eher anarchischen Straßenkarneval in geordnete bürgerliche Bahnen zu lenken. Diesen Zwiespalt zwischen Narrenfreiheit und Ordnungsdrang merkt man bis heute vielen offiziellen Veranstaltungen an. Die Arbeit im Festkomitee erfolgt traditionell ehrenamtlich. Allerdings sind die leitenden Posten lokalpolitisch von so großer Bedeutung, dass das fehlende Gehalt allemal durch Einfluss und gesellschaftliche Stellung wettgemacht wird.

Hier ist der offizielle Karneval zu Hause.

Funken: Uniformierte Korpsgesellschaften, die mit ihren Auftritten den Militarismus parodieren. Ursprüngliches Vorbild ist die eher trink- als einsatzfreudige mittelalterliche Kölner Stadtgarde, auch bekannt als »die schlechtesten Soldaten der Welt«. Im Festkomitee vertreten sind die Roten und die Blauen Funken, daneben gibt es seit einigen Jahren noch die schwulen Rosa Funken. Andere uniformierte Karnevalisten sind keine Funken; auch nicht die Männer der Nippeser Bürgerwehr, obwohl sie wegen ihrer orangefarbenen Uniformen im Volksmund »Appelsinefunken« heißen.

Funkenmariechen: Tänzerin beim Tanzkorps einer der Funken-Gesellschaften. Auch wenn umgangssprachlich alle Tänzerinnen im Karneval als Funkenmariechen bezeichnet werden – offiziell heißen sie bei anderen Gesellschaften anders, zum Beispiel »Marketenderin«. Diese Position ist eine der wenigen Möglichkeiten, die Frauen

So sieht es aus, wenn Frauen im Karneval hohe Positionen erreichen.

haben, in den großen offiziellen Karnevalsgesellschaften mitzumachen – allerdings dürfen sie meist nicht bei den wichtigen Entscheidungen mitreden, sondern eben nur tanzen.

Funkentöter: Keine antikarnevalistischen Amokläufer, sondern ursprünglich der Karnevalsverein der Feuerwehren – inzwischen auch für Nicht-Feuerwehrleute offen.

Gardist: Oberbegriff für alle uniformierten Karnevalisten – sei es in einem der Funkenkorps, der Prinzen- oder Ehrengarde oder einer der anderen Korpsgesellschaften.

Jeck: Kölsch für »Narr« oder »närrisch«. Wer Karneval feiern geht, ist ein Jeck – und da in Köln die ganze Stadt feiert, ist ganz Köln zwischen Weiberfastnacht und Karnevalsdienstag ganz schön jeck. Als Abgrenzung gibt es noch Karnevalisten. Das sind diejenigen, die über das reine Feiern hinaus am organisierten Karneval beteiligt sind – sei es in einer der großen Karnevalsgesellschaften oder als Künstler auf Sitzungsbühnen. Während der Jeck die Karnevalszeit ganz zum individuellen Feiern nutzen kann, kann sie für Karnevalisten auch schon mal in Termin- oder Organisationsstress ausarten. Manche Jecken vertreten deshalb die Ansicht, als Karnevalist könne man gar nicht mehr richtig jeck sein. Karnevalisten wiederum finden, dass man schon ziemlich jeck sein muss, um so etwas zu denken.

Kamelle: Süßigkeiten, die während eines Karnevalszuges geworfen werden. Anders als der Name vermuten lässt, sind das nicht nur Karamellbonbons, sondern fast alle vorstellbaren Zuckerwaren: von einfachen Lutschbonbons über Gummibären und Schokoladentafeln bis hin zu kompletten Pralinenschachteln. Da die Zugteilnehmer selbst für alles zahlen, was sie werfen, hängt die Qualität und Menge der geworfenen Süßigkeiten stark davon ab, wie viel Geld die Mitglieder einer Gruppe im Schnitt haben und wie viel Prestige für sie an der Teilnahme hängt.

Karnevalsgesellschaft: Eigentlich dasselbe wie ein Karnevalsverein, aber »Gesellschaft« klingt vornehmer.

Knabüss: Kölsch für »Knallbüchse«, das komplett schießunfähige Holzgewehr, das zur Uniform vieler Gardisten gehört.

Korpsgesellschaft: Uniformierte Karnevalsgesellschaft mit militärischen Dienstgraden. Je nach Gesellschaft wird die Hierarchie ernster genommen oder eher parodiert. Durch ihre aufwendigen

Uniformen sind die Korpsgesellschaften ein Blickfang in den Karnevalszügen.

Nubbel: Strohpuppe, die zur Karnevalszeit an den Fassaden vieler Kneipen hängt. Die Jecken machen den Nubbel für all die bösen und unmoralischen Dinge verantwortlich, die während der Karnevalstage geschehen. Als Buße dafür wird er am Abend des Karnevalsdienstags öffentlich verbrannt. Die Nubbelverbrennung ist eine relativ junge Tradition, die erst seit dem frühen 20. Jahrhundert eindeutig belegt ist und vor allem seit den 1980er Jahren populär wurde. Die meisten Kneipen verbrennen ihren Nubbel individuell – es gibt aber auch gemeinsame Aktionen. Vor allem im Zülpicher Viertel hat sich die große Nubbelverbrennung der Studentenkneipen zu einem echten Massen-Event entwickelt. Jedes Jahr werden die Nubbel aller beteiligten Lokale auf einen Scheiterhaufen auf der Roonstraße geworfen, während viele Tausend Zuschauer die Straße verstopfen. Von der ursprünglich intimen und etwas sentimentalen Atmosphäre einer Nubbelverbrennung als Abschluss der Karnevalszeit ist dabei freilich nicht mehr viel übrig geblieben.

Session: Die »offizielle« Karnevalszeit vom 11.11. bis zum Aschermittwoch. Die Sessionseröffnung wird jedes Jahr mit einem großen Fest auf dem Alter Markt begangen. Wird deutsch ausgesprochen – also »Sässion«, nicht etwa englisch »Säschn« oder gar französisch »Säsong«.

Sitzung: Kennen viele aus dem Fernsehen: Eine Reihe Karnevalisten, teils Redner, teils Musiker, tritt auf einer Bühne vor einem im Laufe des Abends zunehmend alkoholisierten Saalpublikum auf. Je nach Veranstalter und Zielpublikum kann es dabei sehr steif oder äußerst locker zugehen.

Stippeföttche: Traditioneller Tanz der Roten Funken, bei dem jeweils zwei Männer mit dem Rücken zueinander stehen und die Hintern aneinanderreiben. Sieht noch alberner aus, als es eh schon klingt – das soll es aber auch.

Strüssje: Kleine Blumensträuße, die bei Karnevalszügen von Wagen geworfen oder von Fußgruppen verteilt werden. Vor allem bei weiblichen Jecken sehr beliebt. Werden gern gegen ein Bützje getauscht.

Tolle Tage: Begriff für die Zeit von Weiberfastnacht bis einschließlich Karnevalsdienstag. Taucht in der Umgangssprache selten auf, wird in diesem Buch aber oft verwendet, weil es den Satzfluss weniger hemmt, als immer »die Zeit von Weiberfastnacht bis Karnevalsdienstag« zu schreiben.

Wurfmaterial: Offizielle Festkomitee-Bezeichnung für Strüssje, Kamelle und alles, was sonst noch so auf Karnevalsumzügen geworfen wird. Am oberen Ende der Preisskala liegen da komplette Pralinenschachteln oder speziell für die Gesellschaft gefertigte Gummibärchen, am unteren Ende (bei kleineren Vereinen in den Veedelszügen) kommen auch schon mal Taschentuch-Packungen oder Küchenschwämme vor.

Veedelszoch: Karnevalszug, der von Vereinen und Gruppen eines Stadtviertels veranstaltet wird und durch dieses geht. Nicht zu verwechseln mit den »Schull- und Veedelszöch«. Näheres dazu im Kapitel über den Straßenkarneval.

Zoch: Allgemein ein Umzug, und von denen gibt es in Köln zu Karneval jede Menge. Wenn aber von »dem Zoch« die Rede ist, meint der Kölner in der Regel den großen Rosenmontagszug.

Köln und Kölsches

Alter Markt: Platz im Herzen der Altstadt und traditionell der Ort, auf dem am 11.11. die Sessionseröffnung und zu Weiberfastnacht der Beginn des Straßenkarnevals gefeiert werden. Wegen U-Bahn-Bauarbeiten musste dafür in den letzten Jahren auch schon mal der benachbarte Heumarkt als Ersatz herhalten. Der Kölner hat irgendwann entschieden, dass der Alter Markt auf der ersten Silbe betont und nicht dekliniert wird – es ist also »die Sessionseröffnung auf dem Alter Markt«, nicht etwa »auf dem Alten Markt«. (Mit der karnevalistisch weniger interessanten Hohe Straße sowie der Breite Straße wird genauso verfahren.)

Blootwoosch: Blutwurst, eine kölsche Spezialität, die nach Ansicht der Höhner neben Kölsch und »lecker Mädche« unverzichtbarer Lebensbestandteil des Kölners ist. Daneben ein klassischer Sprachtest, um Imis zu enttarnen. Während diese sich nämlich die Zunge verknoten, wenn sie aufgefordert werden, »Blootwoosch« nachzusprechen, zieht sich der Kölsche aus der Affäre, indem er die andere populäre – und leichter auszusprechende – Bezeichnung für die Fleischware nutzt: Flönz.

Brauhaus: Ursprünglich eine Gaststätte, in der das Bier direkt gebraut wurde. Das trifft heute aber nur noch auf die wenigsten Brauhäuser zu. Aktuell besteht der Hauptunterschied zur Kneipe darin, dass Brauhäuser deutlich geräumiger sind und (außerhalb der heißen Phase des Kneipenkarnevals) auch eine Reihe meist deftiger Speisen anbieten. Anders als in einem Restaurant gibt es dabei keine individuellen Tische: Wenn zwei Personen an einem Tisch für vier sitzen, ist es völlig normal, wenn sich ein weiteres Paar dazusetzt. Während des Kneipenkarnevals bieten Brauhäuser meist kein aufwendiges Essen an. Je nach Größe des Lokals kann man hier aber mit mehr Bewegungsfreiheit rechnen als in Kneipen, sodass sie sich auch für etwas ältere Jecken oder größere Gruppen eignen.

Büdchen: Kölscher Begriff für »Kiosk«. Büdchen verkaufen im Allgemeinen ungefähr das Sortiment, das Sie anderswo an Tankstellen bekommen können (bis auf Benzin oder Diesel natürlich). Dies dürfte mit einer der Gründe dafür sein, dass 24-Stunden-Tankstellen in Köln eher selten sind. Büdchen finden Sie dagegen in den meisten Veedeln alle paar Hundert Meter. Die meisten haben bis mindestens 22 Uhr geöffnet, einige sogar bis nach Mitternacht.

Flönz: siehe Blootwoosch

Fott oder Föttche: Ja, es ist ein Körperteil. Nein, es ist nicht so etwas Unanständiges, wie Nicht-Rheinländer jetzt vielleicht denken. Die Fott ist auf Kölsch nichts anderes als der Hintern, und wer im übertragenen Sinn »op es Föttche gefalle« ist, der wäre hochdeutsch ebenso bildlich auf die Schnauze gefallen.

Die Blauen Funken demonstrieren, was die Fott ist.

Gürtel: Ehemaliger Befestigungsring um das alte Köln, jetzt eine Ringstraße, die für Karnevalsanfänger eine gute Grenze bei der Kneipensuche bildet. In den meisten Stadtteilen nimmt jenseits des Gürtels die Dichte der lohnenden Lokale rapide ab.

Im(m)i: Mit ziemlicher Sicherheit Sie, wenn Sie das hier lesen müssen. Der Begriff »Imi« bezeichnet pauschal alle, die nicht in Köln geboren sind, aber dort leben, und hatte ursprünglich eine abwertende Tendenz: Manch ein Zugereister versuchte, um dazuzugehören, sich in Sprache und Verhalten besonders kölsch zu geben, war aber trotz allem nur ein »imitierter« Kölner und kein echter. Neben der Form mit einem »m« hat sich auch noch die Version »Immi« etabliert – abgeleitet von »Immigrant«.

Köbes: Der »Kellner« in einem typisch kölschen Brauhaus. Zu erkennen an seiner traditionellen Tracht (blaues Hemd und schwarze Schürze) und seiner ebenso traditionellen Ruppigkeit – vor allem, wenn man auf die Idee kommt, alkoholfreie Getränke zu bestellen. Ein guter Köbes ist dabei jedoch nie wirklich unfreundlich, sondern eher rustikal-spöttisch. Auch Brauhäuser wollen sich schließlich ihre Kunden nicht vergraulen.

Kölsch (Getränk): Hauptnahrungsmittel während des Kneipenkarnevals. Einst gab es über 100 Marken, derzeit sind es nur noch knapp 30, wobei hinter manchen Marken ein und derselbe Mutterkonzern steht. Ähnlich wie bei anderen Biersorten auch hat jede Kölschmarke ihre Fans. Am weitesten verbreitet sind Reissdorf, Gaffel, Früh, Gilden, Küppers, Dom und Sion Kölsch. Seltener zu bekommen, aber allgemein sehr hoch geschätzt, sind vor allem Päffgen und Mühlen Kölsch. Viele der kleinen Marken sind nicht oder nur an ausgewählten Orten in Flaschen zu bekommen. Manche Kölner behaupten, das Durcheinandertrinken verschiedener Kölschsorten erhöhe die Gefahr, am nächsten Morgen einen kräftigen Kater zu bekommen. Im Karneval muss man sich darum nur wenig Gedanken machen: Veranstaltungen haben eh nur jeweils eine bestimmte Marke im Angebot, und Kneipenwirte sind in der Regel vertraglich an eine Brauerei gebunden, von der sie das Kölsch zu Preisen abnehmen müssen, die meist deutlich über denen des Einzelhandels liegen.

Kölsch (Sprache): Eigentlich gibt es gar nicht *die* kölsche Sprache. Bis vor wenigen Jahrzehnten hatte jede Gemeinde auf dem Gebiet Kölns ihren eigenen Dialekt, der sich in Nuancen von dem unterschied, was ein paar Kilometer weiter gesprochen wurde. Geschulte Ohren konnten schnell ausmachen, ob jemand aus Porz oder Deutz kam. Heute, da im Alltag kaum mehr Kölsch gesprochen wird, sind diese Varianten meist verloren gegangen. Für das durchschnittliche moderne Karnevalslied kommt man mit relativ wenigen kölschen Vokabeln aus (»bütze«, »Rhing«, »Sunnesching« et cetera), ältere Stücke hingegen erfordern zum Teil deutlich größere Kenntnisse. Selbst Einheimische müssen da manchmal nachfragen, um die Bedeutung obskurer Worte zu lernen, weil die Texter oft Ausdrücke aus verschiedenen Kölsch-Dialekten mischen – manchmal gerade, um besonders hübsche Worte vor dem Vergessen zu bewahren. Generell sollte man sich als Imi verkneifen, Kölsch sprechen zu wollen. Es wird als Anbiederung empfunden und hat gegenüber echten Kölnern den gleichen Effekt wie der Versuch, im China-Restaurant eine »Flühlingslolle« zu bestellen. Kölsch singen oder trinken ist hingegen erwünscht. Letzteres vor allem, wenn Sie den Umstehenden auch eines kaufen.

KVB: Kölner Verkehrsbetriebe. Das städtische Unternehmen, das für den Betrieb der Busse und Straßenbahnen im Stadtgebiet verantwortlich ist. Die typische Hassliebe, die die Kölner seit jeher gegenüber ihrem Verkehrsunternehmen empfanden, hat sich in jüngerer Zeit in ernsthaftes Misstrauen gewandelt. Schuld ist nicht nur der Einsturz des Kölner Stadtarchivs im März 2009, der zwei Menschen das Leben kostete und vermutlich durch Schlamperei bei den jüngsten U-Bahn-Bauarbeiten verursacht wurde, sondern auch die Masse an Skandalen und Versäumnissen, die im Zuge der nachfolgenden Ermittlungen ans Licht kamen. Für Jecken bleibt die KVB jedoch während der Karnevalstage die praktischste Fortbewegungsmöglichkeit: Es gibt keine Promillegrenze, man sitzt wärmer als auf dem Fahrrad und zahlt weniger für die Fahrt als im Taxi.

Pittermännchen: Ein Zehn-Liter-Kölschfass zum Selbstzapfen. Kann in Brauhäusern und manchen Kneipen zum Mitnehmen und – außerhalb der Hochphase des Karnevals – auch zum Soforttrinken am Tisch bestellt werden. Praktisch als Reiseproviant, wenn man auf den Zoch wartet oder in die Lachende Kölnarena geht.

Rhing: Kölsche Bezeichnung für den Fluss, der mitten durch die Stadt fließt, hochdeutsch als Rhein bekannt. Spielt neben dem Dom die Hauptrolle in allen kölschen Liedern, in denen es um Heimweh und Heimatverbundenheit geht – also in gefühlten 80 Prozent des kölschen Liedguts. Nicht zu verwechseln mit der leicht missglückten Flaniermeile entlang der ehemaligen Stadtmauer (Hohenzollernring, Kaiser-Wilhelm-Ring et cetera) – das sind die Ringe.

Schäl Sick: Die »falsche« Rheinseite, nämlich die rechte, mit den Stadtteilen Deutz, Kalk, Mülheim und so weiter. Fast alles kulturelle und gesellschaftliche Leben in Köln spielt sich traditionell auf der linken Rheinseite ab. In den letzten Jahren hat sich das zwar relativiert, weil in den ehemaligen rechtsrheinischen Industriegebieten wichtige Veranstaltungsorte wie Kölnarena (kein Kölscher nennt das Ding »Lanxess-Arena«), E-Werk, Palladium und die Halle Kalk entstanden sind, trotzdem finden viele linksrheinische Kölner nur sehr selten ihren Weg auf die andere Rheinseite. Positiv schlägt sich das bei den Mieten nieder: Innenstadtnahe Wohnungen sind rechtsrheinisch deutlich billiger zu bekommen als linksrheinisch. Da die Veedel der Schäl Sick oft erst nach dem Krieg sprunghaft gewachsen sind und einen hohen Imi-Anteil haben (viele davon Ausländer aus Kulturen, denen der Karneval noch fremder ist als den Norddeutschen), gibt es dort deutlich weniger empfehlenswerte Karnevalskneipen. Als Ortsunkundiger sollte man sich daher lieber in den älteren linksrheinischen Stadtteilen auf Kneipensuche begeben.

Veedel: Buchstäblich ein Stadtviertel, für den Kölner aber noch vieles mehr. Das idealtypische Veedel ist ein Mikrokosmos: Man kennt sich und man hilft sich, man feiert und man trauert gemeinsam. Die inoffizielle Hymne auf diese Art des Zusammenlebens singen die Bläck Fööss mit ihrem Karnevalshit »In unserm Veedel«. In einem traditionellen Veedel kann man alles erledigen: wohnen, arbeiten, zur Schule gehen, einkaufen, in die Kneipe und zur Kirche gehen. Die alten, innenstadtnahen Veedel sind teils nach ihren Kirchen benannt (Agnesveedel, Vringsveedel – hochdeutsch: Severinsviertel), teils nach wichtigen Straßen oder Plätzen (Eigelstein, Friesenviertel). Nur wenige Veedel entsprechen direkt den offiziellen Stadtteilen der Kölner Stadtverwaltung, die meisten sind eher gefühlte Einheiten. Typisches Veedelsleben findet man heute zum Beispiel noch rund um die Neusser Straße in Nippes sowie um den Chlodwigplatz in der Südstadt.

Am Aschermittwoch ist alles vorbei – Der Sessionsablauf im Überblick

Denn wenn et einmol nur funk, is et ze spät
dann weed jedanz bis janix mieh jeit
dann jit et voll op die Mütz, bis zum Äschekrütz.
Brings, »Wenn et funk«

(Denn wenn es erst einmal funkt, ist es zu spät,
dann wird getanzt bis gar nichts mehr geht,
dann macht man voll einen drauf, bis zum Aschekreuz.)

Wir beginnen unsere Expedition in die Wirren des kölschen Nationalfestes mit einem groben Überblick über all das, was da vor Aschermittwoch passiert. Als Erstes eine Preisfrage: Wann ist für Sie Karneval?

Falls Sie ein Imi sind, haben Sie wahrscheinlich zuerst an Rosenmontag gedacht – da finden ja inzwischen bundesweit Umzüge statt. Norddeutsche Provinznester proklamieren Prinzenpaare, und selbst in Berlin trotzt jedes Jahr ein Häuflein Unentwegter den irritierten Blicken der Einheimischen und paradiert durch die Straßen der Hauptstadt. Vielleicht ist Ihnen aber auch Weiberfastnacht eingefallen, der Tag, der jedes Jahr zahllose Schlipsträger völlig unvorbereitet trifft.

Aber sonst? War es das nicht mit den Karnevalsterminen?

23

Von wegen! Für kölsche Jecken beginnt die Session schon lange vorher – genauer gesagt am 11.11. An diesem Tag wird um 11 Uhr 11 ein großes Straßenfest auf dem Alter Markt gefeiert (bei freiem Eintritt, wie alles im Straßenkarneval) und damit der Karneval offiziell eröffnet. Aktuell feiert man auch gern mal auf dem Heumarkt, je nachdem, wo die KVB gerade für ihre U-Bahnen buddelt. Das aktuelle Dreigestirn wird der Öffentlichkeit vorgestellt, und die üblichen Verdächtigen aus der kölschen Karnevalsmusikszene treten auf. Danach geht es dann bis in die Nacht hinein in den Kneipen weiter – insbesondere natürlich, wenn der 11. November zufälligerweise auf einen Freitag oder Samstag fällt.

Für Besserwisser:

Wieso ausgerechnet der 11.11.?

Zur Herkunft des Sessionsbeginns gibt es mehrere Theorien. Die einen verweisen darauf, dass die Zahl Elf nicht bloß im Kölner Stadtwappen auftaucht, sondern auch noch eine »jecke« Zahl sei: Eine Schnapszahl, einer mehr als die zehn Finger und einer weniger als die zwölf Apostel. Deswegen sei sie auch quer durch den ganzen Karneval zu finden: Viele Sitzungen beginnen um 20 Uhr 11, auf der Bühne sitzt dann ein Elferrat und so weiter. Also sei es nur konsequent, dass die Karnevalssession am 11.11. um 11 Uhr 11 starte. Außerdem stünden die Buchstaben »E-L-F« für die Anfangsbuchstaben des Mottos der Französischen Revolution »Egalité, Liberté, Fraternité«, und nebenbei symbolisiere die elf mit ihren zwei nebeneinanderstehenden Einsen die Gleichheit aller Jecken.

Historische Fakten lassen aber auch eine viel prosaischere Deutung zu: Am 11.11. wird bekanntlich der Martinstag gefeiert. Ursprünglich war dies in der katholischen Kirche der letzte Tag vor einer Fastenzeit, die bis zum 6. Januar dauerte, dem Termin, an dem früher Weihnachten gefeiert wurde. Deswegen wurde vor dem Adventsfasten mit der Martinsgans auch noch mal so richtig reingehauen. Aschermittwoch hingegen ist der Beginn der Fastenzeit vor Ostern. Als im frühen 19. Jahrhundert das »Festordnende Komitee« gegründet wurde, nahm es einfach den Martinstag als Termin, um mit dem Vorbereiten der Karnevalsveranstaltungen zu beginnen.

Auch wenn die Session mit dem 11.11. beginnt, merkt man davon erst einmal nicht viel. Zwar ist spätestens ab diesem Zeitpunkt die Zusammensetzung des Dreigestirns bekannt, doch bis Ende Dezember bleibt es äußerlich ruhig – erst dann beginnt der Sitzungskarneval. Ganz offiziell geht es erst nach dem 6. Januar los, aber inzwischen starten einige der beliebteren Veranstaltungen auch schon mal ein paar Tage vor Silvester.

Wenn Sie also als Imi im Januar plötzlich in der Straßenbahn zwischen lauter kostümierten Herrschaften stehen: entspannen und tief durchatmen. Sie haben nicht vor lauter Stress den Rosenmontag verpennt und sind auch nicht in eine Ansammlung sektiererischer Ganzjahresjecken geraten. Die Umstehenden sind einfach nur unterwegs zu einer der vielen Kostümsitzungen.

> *»Viele Sitzungen sind eher so alte, traditionelle Events.*
> *Aber was mir am Karneval sehr gut gefällt, egal, was man sagt:*
> *Der hat einfach eine so unglaubliche Menge von guten Künstlern*
> *auf die Bühne gebracht – das gibt es so nirgendwo sonst.*
> *Wo sonst haben ganz normale Leute, die komisches Talent haben,*
> *so viele Chancen, vor so vielen Leuten zu spielen?«*
> Selda Akhan, Regisseurin der »Immisitzung«

Eine klassische Karnevalssitzung hat wohl fast jeder Imi schon einmal im Fernsehen gesehen: Auf einer großen Bühne tragen professionelle Karnevalisten ein mehr oder weniger unterhaltsames Programm vor. Überraschenderweise wirkt vieles davon, wenn man persönlich dabei ist, nicht so steif und unlustig wie im Fernsehen – trotzdem ist der offizielle Sitzungskarneval nicht unbedingt der geeignete Einstieg für vollkommen Karnevalsfremde, denn manche Witze sind wirklich unterirdisch, und die besten Nummern versteht man nur mit Karnevals- und Kölschkenntnissen. (Die Sprache, nicht das Bier – obwohl auch das den Unterhaltungswert steigert.)

Die meisten dieser Sitzungen werden von Karnevalsvereinen organisiert, die es über ganz Köln verteilt gibt. Die traditions- und einflussreichsten Gesellschaften sind im »Festkomitee Kölner Karneval von 1823 e.V.« zusammengeschlossen. Dessen aktueller Präsident, Markus Ritterbach, ist quasi der Gorbatschow des Kölner Karnevals, denn er hat damit begonnen, die verkrusteten Strukturen aufzubrechen, in denen der organisierte Karneval bis vor Kurzem erstarrt war. Über Generationen hinweg wurde in diesen Kreisen der Spaß am Karneval so bierernst genommen, dass das Komitee und die großen Karnevalsgesellschaften zu Dauerzielscheiben des Spotts der Stunksitzung wurden.

Diese Stunksitzung wiederum ist seit Mitte der 1980er Jahre das Aushängeschild des alternativen Karnevals – eine respektlose Veranstaltung, die als Studentenshow begann, viele prominente Kabarettisten hervorgebracht hat (an vorderster Stelle Mitinitiator Jürgen Becker) und sich bis heute in jeder Session aufs Neue in bissigen Sketchen und Liedern genüsslich mit Politikern sowie Karnevals- und Kirchenfunktionären anlegt. Das Resultat: Diverse Proteste seitens offizieller Stellen, ab und zu auch mal eine Strafanzeige, gelegentliches Wegkürzen zu »heißer« Sketche in der WDR-Fernsehausstrahlung und natürlich ausnahmslos bis auf den letzten Platz gefüllte Vorstellungen mit insgesamt über 50.000 verkauften Eintrittskarten pro Session.

Neben diesen beiden Giganten, den offiziellen Sitzungen des Festkomitees und der Stunksitzung, gibt es jede Menge anderer kleiner alternativer Sitzungen, so etwa die »Immisitzung«, »Deine Sitzung«, »Jeckespill«, die schwul-lesbische »Gloria Sitzung« und viele mehr. Näheres dazu im Kapitel über den Sitzungskarneval.

Wenn das Sitzungsprogramm einige Wochen gelaufen ist, nähert sich der Höhepunkt der Session: Die »tollen Tage«, also die Zeit von Weiberfastnacht bis einschließlich Karnevalsdienstag. Los geht es mit Weiberfastnacht: der Donnerstag vor Aschermittwoch und traditionell der Beginn des Straßen- und Kneipenkarnevals. Der genaue Termin wechselt jedes Jahr, da er vom Osterdatum abhängt.

Zu **Weiberfastnacht** übernehmen traditionell nicht nur die Jecken im Allgemeinen, sondern insbesondere die Frauen das Regiment – vor allem dadurch, dass sie Männern gnadenlos die Schlipse ab-

Für Besserwisser:

Frühester und spätester Termin für Weiberfastnacht

Weiberfastnacht ist jedes Jahr genau 52 Tage vor Ostern. Der Ostertermin lässt sich mit einem Zahlenmonstrum namens Osterformel bestimmen – oder bequemer durch einen Blick in den Kalender. Als Abfallprodukt der Osterformel kann man herausfinden, was der frühestmögliche und was der spätestmögliche Termin sind. Für den Ostersonntag sind das der 22. März beziehungsweise der 25. April. Weiberfastnacht findet also dementsprechend frühestens am 29. Januar und spätestens am 4. März statt.

Den frühestmöglichen Termin gibt es in diesem Jahrhundert nicht, aber im Jahr 2008 war Weiberfastnacht am 31. Januar – und allen Jecken kam es irgendwie komisch vor, keine drei Monate nach dem 11.11. und vier Wochen nach Silvester schon Karnevalszüge zu gucken. In den Genuss der allerlängsten Session kommen hingegen alle, die im Jahr 2038 feiern gehen – da ist Weiberfastnacht erst am 4. März. Aber auch das Jahr 2011 ist gut dabei – mit dem 3. März wird die größte Sessionslänge nur knapp verfehlt.

schneiden. Und da werden keine Kompromisse gemacht. Es ist schon vorgekommen, dass Empfangsdamen unvorbereiteten auswärtigen Besuchern die besten Krawatten ruiniert haben. Brauchtumspflege wiegt offenbar schwerer als gute Beziehungen zum Kunden. Karnevalsprofis sorgen vor und haben für Weiberfastnacht eine Sammlung billiger Schlipse auf Vorrat. Man kann natürlich auch ganz ohne Krawatte gehen, das ist aber längst nicht so unterhaltsam. Als Entschädigung für die Sachbeschädigung am Kleidungsstück winkt nämlich meist ein Bützchen, weshalb ganz besonders schlaue Herren gleich mit mehreren Krawatten auf Vorrat unterwegs sind.

Wer sich an diesem Tag ins Getümmel stürzen will, sei gewarnt. Es ist mit Abstand der Termin, an dem die meisten betrunkenen Jecken durch die Innenstadt torkeln – schließlich haben alle lange auf diesen Tag gewartet und sind dementsprechend feierwütig. Außerdem finden sich die Kölner wie schon am 11.11. zu Tausenden auf dem Alter Markt ein, um die Eröffnung des Straßenkarnevals mitzuerleben. Und wenn die am frühen Nachmittag vorbei ist, feiern und trinken dann eben Tausende in den Kneipen und auf den Straßen und Plätzen weiter.

Karnevalsfreitag ist in den Sitzungssälen volles Programm, auch viele Bälle und Partys finden an diesem Tag statt. Auf den Straßen und in den Kneipen geht es hingegen nach dem ausgiebigen Feiern am Vortag etwas ruhiger zu. Zwar gibt es seit einigen Jahren den »Sternmarsch der Kölner Veedelsvereine« in der Innenstadt, doch der zieht längst nicht so viele Zuschauer an wie Sessionseröffnung, Weiberfastnacht oder Rosenmontagszug.

Samstags ist wieder mehr los: Tagsüber laden die Roten Funken zu billigem Kölsch auf den Neumarkt ein, und in den Veedeln starten die ersten Veedelszöch, also Stadtteilumzüge. Abends gibt es neben gut gefüllten Kneipen und ausverkauften Kostümbällen auch noch den Geisterzug, der seit Jahren irgendwo im Niemandsland zwischen alternativem Karnevalszug, politischer Demonstration und langweiligem Nachtspaziergang festhängt.

Sonntag steht für viele im Zeichen des Straßenkarnevals: Abends will man nicht so lange los, schließlich wird der Rosenmontagszug anstrengend genug. Stattdessen kann man sich vor allem in den rechtsrheinischen Stadtteilen weitere Stadtteilumzüge ansehen, oder man geht gleich zu den großen »Schull- und Veedelszöch«, die am Nachmittag ungefähr auf der Route des Rosenmontagszugs durch die Stadt ziehen und gemeinsam den zweitwichtigsten Umzug im Kölner Karneval bilden. Kneipenkarneval findet natürlich auch am Sonntagabend statt – aber, ähnlich wie freitags, nicht überall und nicht ganz so überfüllt. Auch der offizielle Sitzungskarneval ist mit dem Sonntag vorbei. Als Letztes startet um 20 Uhr 11 die »Große Sonntagssitzung« der »K.G. Die Grosse«.

Rosenmontag ist Feiertag in Köln. Alle Geschäfte sind zu und die U-Bahnen überfüllt, weil sämtliche Kölner plus eine Horde Touristen gleichzeitig versuchen, rechtzeitig zum Zugbeginn in der Innenstadt zu sein – meist noch mit ordentlich Proviant dabei; schließlich muss man für den kompletten Zug mehr als vier Stunden an seinem hart erkämpften Platz ausharren.

Neben dem großen Zug finden auch noch Umzüge in einigen ab-gelegeneren Veedeln (zum Beispiel in Rondorf und Godorf) statt, aber zu denen verirrt sich niemand außer den Einheimischen. Nach dem Zug füllen sich zuerst die U-Bahnen und später dann die Kneipen wieder – meist wird es aber schon ab Mitternacht wieder etwas ruhiger, schließlich haben die meisten Leute früh angefangen und müssen am Dienstag arbeiten. Wer freihat, kann aber problem-los Lokale finden, in denen bis zum frühen Morgen geschunkelt wird.

Grundausstattung, um den Rosenmontagszug zu überstehen.

Am **Dienstag** ist der Karneval gefühlt schon fast vorbei. Läden und Büros sind wieder offen, eine allgemeine Katerstimmung liegt über der Stadt. Lediglich die vielen Veedelszüge, die auch an diesem Tag noch stattfinden, machen mehr als klar, dass noch nicht Aschermittwoch ist. Am Abend findet im E-Werk die letzte Stunksitzung der Session statt. Die Kneipen füllen sich noch ein letztes Mal mit Jecken, viele von ihnen aber schon ohne Kostüm, damit kurz vor Mitternacht gemeinsam der Nubbel verbrannt werden kann – jene Strohpuppe, die die Karnevalstage hindurch über dem Eingang hing und traditionell für alle Sünden verantwortlich ist, die die Jecken während der tollen Tage begangen haben.

Wer ganz unentwegt ist (und am nächsten Tag freihat), kann danach noch einmal bis in die Morgenstunden feiern – für die meisten aber ist mit der Nubbelverbrennung die Karnevalssession vorbei.

Am **Aschermittwoch** steht dann traditionell Fisch essen mit Freunden oder Bekannten auf dem Programm. Gerade nach sechs durchfeierten Tagen ist das eine sehr vernünftige Sache – nicht so sehr des Fisches wegen, sondern weil Sie auf diese Weise nicht in ein tiefes Loch fallen, wenn Sie plötzlich nicht mehr einfach vor die Tür gehen können, um mit wildfremden Menschen wie bekloppt zu feiern. Wenn Sie also die Möglichkeit dazu haben: Verabreden Sie sich für den Aschermittwochsabend mit netten Menschen, um so sanfter zurück in den Alltag zu gleiten.

Von der Anarchie zum verwalteten Spass – und zurück – Eine kurze Geschichte des organisierten Karnevals

Mer bruche keiner, keiner der uns sät,
wie mer Fastelovend fiere deit.
Mer mache et sick zweidousend Johr
un dat bliet su wie et wor.
Bläck Fööss, »Mer bruche keiner«

(Wir brauchen keinen, der uns sagt,
wie man Karneval feiert.
Wir machen das seit zweitausend Jahren,
und das bleibt so, wie es war.)

Wird in Köln wirklich schon seit 2.000 Jahren Karneval gefeiert? So sicher sich die Bläck Fööss in ihrem Lied geben, die Historiker sind sich uneinig. Manche verweisen auf die römischen Saturnalien, bei denen ähnliche Bräuche üblich waren, andere glauben an Ursprünge in einem heidnischen Frühlingsfest, und wieder andere meinen, dass das Karnevalsfest in dieser Form erst als Gegenpol zum nachfolgenden Osterfasten entstand. Selbst das Festkomitee des Kölner Karnevals, das heutzutage einen

Achtung: Jetzt wird's erst einmal dröge theoretisch. Strukturell ergibt es durchaus Sinn, an dieser Stelle über die Geschichte des Karnevals zu reden – fürs Feiern ist es aber vollkommen irrelevant. Falls Sie also kein Interesse am Thema haben sollten: Blättern Sie ruhig weiter zum nächsten Kapitel. Sie können viel Spaß im Karneval haben, ohne irgendetwas von dem zu wissen, was ich Ihnen auf den nächsten Seiten erzähle. Und falls Sie später doch mehr wissen wollen: Das Kapitel wartet hier so lange auf Sie, versprochen.

31

Großteil der Veranstaltungen organisiert, kann sich nicht entscheiden: Auf seiner Webseite werden die Römer als möglicher Ursprung genannt, im vereinseigenen Karnevalsmuseum wird diese Theorie hingegen verworfen. Sicher ist nur eines: Das Fest ist deutlich älter als das dazugehörige Komitee.

Auch wenn keiner mehr weiß, wann die Leute angefangen haben, Karneval zu feiern: Überlieferungen aus dem 14. Jahrhundert zeigen, dass es zu dieser Zeit schon sehr beliebt war. Zwar protestierten Kirchenmänner gegen die Ausschweifungen vor der Fastenzeit, waren aber andererseits oft selbst mittendrin in der Feierei. Eine zentrale Organisation gab es nicht – ebenso wenig wie Weihnachten oder Ostern von einem Komitee gelenkt werden. Zwar wurden hochherrschaftliche Maskenbälle veranstaltet, und viele Handwerkerzünfte organisierten eigene Maskenzüge, aber auch das einfache Volk kostümierte sich und feierte, wie es ihm gefiel. Ab und zu versuchten die jeweils Herrschenden, das Treiben zu regulieren, gingen dabei aber niemals zu weit, denn sie hatten begriffen, dass der Karneval auch ein Ventil für aufgestauten Frust in der Bevölkerung war.

Ende des 18. Jahrhunderts eroberten die Franzosen das Rheinland. Karneval, mit seiner potenziell rebellischen Tendenz, wurde zunächst einmal verboten. Weniger aus revolutionärem Erneuerungsdrang, als aus Sorge, dass politische Unruhestifter das maskierte Treiben für ihre Zwecke missbrauchen könnten. Aber das Verbot funktionierte nur kurzzeitig und unter Protest der Rheinländer. Schon nach wenigen Jahren hatten die Franzosen kapiert, dass es viel klüger ist, den Leuten das Feiern zu erlauben und dabei kräftig abzukassieren: Mit Vergnügungssteuer, Maskenballmonopolen und Gebühren für das öffentliche Kostümieren wurde der Karneval zu einem Wirtschaftsfaktor. Nebenbei wurden durch die neuen Abgaben aber auch die unteren Schichten vom Feiern abgehalten: Nur wer Geld hatte, konnte sich die Maskensteuer leisten. Als moralisches Feigenblatt bekam dafür die Armenverwaltung im Schnitt um die zehn Prozent der Einnahmen.

Die Franzosen zogen 1814 wieder ab. Nach kurzer Zeit wurden sie durch die Preußen ersetzt, die die Karnevalsrestriktionen nach und nach lockerten und einige der Gebühren abschafften. Die Folge: Die Armen fingen wieder an, auf der Straße zu feiern; Adel und Bürgertum zogen sich mehr und mehr in Privathäuser und Festsäle zurück – Straße und Kneipen wurden dem »Pöbel« überlassen. Dessen Straßen- und Kneipenkarneval hatte nach zeitgenössischen Aufzeichnungen aber nicht mehr viel mit dem ursprünglichen Fest vor der französischen Besatzungszeit zu tun. Vieles an Traditionen war inzwischen verloren gegangen. Es ging rauer zu als früher, und es gab offenbar auch deutlich weniger Kostümierte als zuvor.

Die Karnevalsreform von 1823

Im Jahr 1822 traf sich eine Handvoll Kölner Bürger in einem Weinlokal. Ihr Ziel: Den Karneval zu reformieren. Ganz dem Zeitgeist entsprechend, ging es ihnen dabei nicht etwa um eine Annäherung zwischen den Feiernden aus Unterschicht und Bürgertum – vielmehr wollten sie erreichen, dass das Bürgertum auch den Straßenkarneval für sich eroberte und gebildeter Humor den rohen Witz der unteren Stände verdrängte.

So entstand das Festkomitee, das sich in den ersten Jahren nicht ohne Grund »Festordnendes Komitee« nannte, und am 10. Februar 1823 setzte sich der erste Kölner Rosenmontagszug auf dem Neumarkt in Bewegung. (Das ist übrigens wörtlich zu nehmen: In den ersten Jahren tat der Zug nicht viel anderes, als anderthalb Mal – warum auch immer – auf dem Neumarkt im Kreis zu fahren. Mit diesem alten Brauch hat das sonst so traditionsbewusste Festkomitee zum Glück in der Zwischenzeit gebrochen.) Höhepunkt des Zuges war der Wagen des »Held Carneval«, der ab 1871 »Prinz Karneval« hieß und zu dem sich noch später Bauer und Jungfrau gesellten (siehe auch »Dreigestirn« im Glossar).

Jedes Jahr trafen sich die Organisatoren zur Vorbereitung des Zuges regelmäßig – vor allem in der Zeit zwischen Weihnachten und den Karnevalstagen. Was anfangs dröge Vereinssitzungen waren, wurde zunehmend launiger und unterhaltsamer, folgte aber dennoch einem strikten Protokoll – die Karnevalssitzung war geboren.

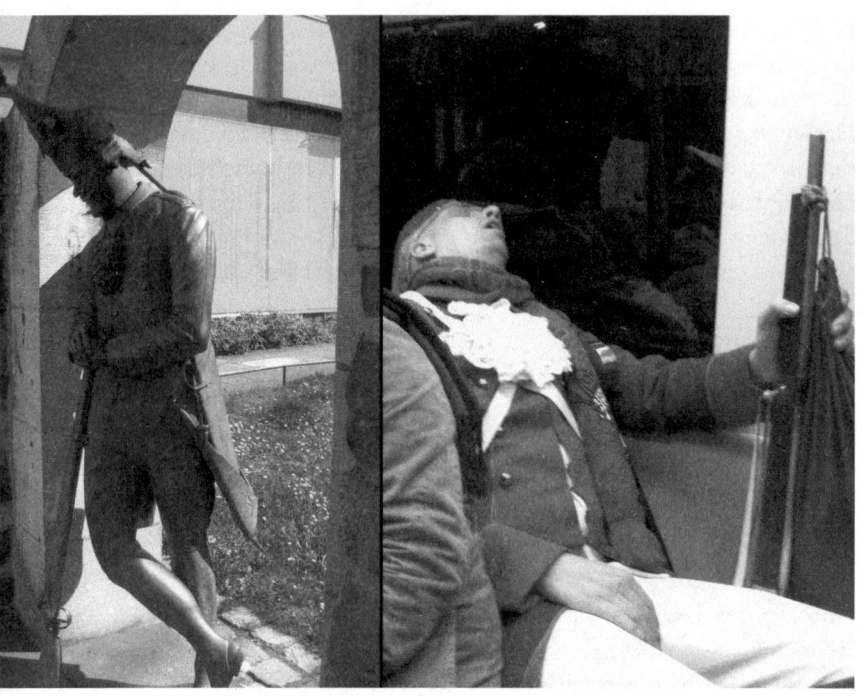

Kunst und Wirklichkeit: Auch andere Gardisten bemühen sich, dem Geist der Stadtwache gerecht zu werden.

Damit gelang den Kölnern unter preußischer Herrschaft tatsächlich ein unerhörtes Narrenstück: Frohsinn und Narrheit wurden reglementiert und organisiert.

Für Außenstehende ist es gar nicht so leicht zu entscheiden, wo beim organisierten Karneval der Spaß aufhört und die Vereinsmeierei anfängt. Wohl auch, weil sich diese Grenze im Laufe der Zeit immer wieder verschob. Die Roten Funken etwa, deren Uniformen sich an denen der angeblich legendär unfähigen Kölner Stadtsoldaten orientierten, nahmen mit ihrem bewusst versoffenen und chaotischen Auftreten von Anfang an den Militarismus der preußischen Machthaber aufs Korn. Auch heute muss man so einem Funken-Knubbel (die offizielle Bezeichnung für eine Ansammlung von Funken) nur wenige Minuten bei einem ihrer tapsigen Auftritte mit dem typischen Funkentanz »Stippeföttchen« zusehen, um zu kapieren, dass das Soldatische hier bewusst durch den Kakao gezogen wird.

Später entstandene Korpsgesellschaften trugen dem gewandelten Zeitgeist Rechnung. Die Blauen Funken waren anfangs ein bewusst militärisch-zackig gehaltener Gegenpol zu den Albereien der Roten Funken; inzwischen sind sie allerdings ähnlich parodistisch. Andere Korps, wie etwa die Prinzengarde, sehen ihre Aufgabe mehr im Beeindrucken und Repräsentieren – dementsprechend gibt es bei ihnen weniger Clownerie in Uniform. Parallel zu den uniformierten Korpsgesellschaften entwickelten sich die Komitee- oder Frackgesellschaften: In ihnen herrscht eine flachere Hierarchie ohne die in den Korps üblichen militärischen Dienstgrade, und zu offiziellen Anlässen wird keine Uniform, sondern Abendgarderobe, gegebenenfalls mit frohsinnsfördernder Narrenkappe, getragen.

Für Besserwisser:

Alle Jecken sind gleich, aber manche sind gleicher

Ein typisches Symbol der Kölner Karnevalsgesellschaften und des organisierten Karnevals an sich ist die Narrenkappe, die auch das Wappen des Festkomitees ziert. Diese Kappe dient nicht nur als weithin sichtbares Signal, dass ihr Träger ein ganz lustiger Vogel ist, sondern hatte auch den Zweck, unliebsame Sitzungsgäste schneller hinauswerfen zu können: Nur Mitglieder der Gesellschaften trugen die Kappen. Schlich sich ein unerwünschter Gast in den Saal, war er somit leicht zu erkennen und konnte nach draußen befördert werden, womit sichergestellt war, dass der Spaß seine Ordnung hatte. Die damals ausgegebene Losung »Gleiche Jecken, gleiche Kappen« beinhaltete also durchaus auch die Aussage, dass eben nicht alle Jecken »gleich« genug waren, um die Kappe tragen zu dürfen.

Die selbst ernannte Mutter aller Kölner Karnevalsgesellschaften heißt offiziell »Die Grosse von 1823 Karnevalsgesellschaft e.V.«. Die merkwürdige Namensgebung jenseits aller grammatikalischen Konventionen rührt daher, dass es im Laufe der Zeit notwendig wurde, sich von der 1882 gegründeten »Großen Kölner Karnevalsgesellschaft« abzusetzen, indem man das Gründungsjahr an prominente Stelle hievte. Daneben gibt es unter anderem auch noch die »Große Allgemeine Karnevalsgesellschaft«, die »Kölnische Karnevalsgesellschaft« und die »1. Große Karnevalsgesellschaft Köln-Nord«. (Sollten Sie ein Freund britischen Humors sein, dürften spätestens jetzt Assoziationen zum Konflikt Judäische Volksfront versus Volksfront von Judäa naheliegen. Das trifft den Kern der Sache ziemlich gut.)

Die Zahl der Karnevalsvereine wuchs schnell. Gleichzeitig stieg die Bedeutung des Karnevals als Wirtschaftsfaktor und Klüngelbörse: Wer in der Kölner Geschäftswelt vorankommen wollte, war gut beraten, sich in einer der großen Gesellschaften zu engagieren, und wer sich das teure und stressige Vergnügen leistete, im Dreigestirn mit dabei zu sein, dem ging es meist nicht nur um das Kölner Brauchtum, sondern auch um sein Renommee. Der offizielle Karneval wurde immer mehr zum Selbstzweck.

»Die Rangordnung, wo man steht in dieser Stadt,
ist ganz klar im Karneval zu sehen.«
Peter Brings, Frontmann der Gruppe »Brings«

In ein sehr positives Licht wurde früher die sogenannte »Narrenrevolte« von 1935 gestellt: Mutige Karnevalisten hätten sich damals erfolgreich dagegen gewehrt, dass der Karneval von den Nazis vereinnahmt und gleichgeschaltet wurde, und so ein Zeichen kölschen Widerstands gesetzt. Neueren Erkenntnissen nach ging es bei diesem Konflikt allerdings in keiner Weise darum, irgendwelche Grundwerte des Karnevals vor nationalsozialistischer Unterwanderung zu bewahren. Es war schlicht ein Machtkampf um die Frage, wer in Zukunft den Rosenmontagszug und andere offizielle Veranstaltungen ausrichten durfte: Parteifunktionäre oder Karnevalsgesellschaften. Dieselben Offiziellen, die sich erfolgreich gegen die direkte Kontrolle durch die Politik wehrten, organisierten in den Jahren darauf mehrere Rosenmontagszüge mit offen antisemitischen Wagen und Fußgruppen.

Repräsentant von Humor und Leichtigkeit

Nach dem Krieg verschwand solches Gedankengut wieder aus dem Karneval. Was blieb, war das zunehmend erbitterte Festhalten an erstarrten Traditionen und Protokollen. Doch allen Kritikern, die behaupten, das Festkomitee verliere dabei den Spaß im Karneval aus dem Blick, kann das Festkomitee seine offiziellen Leitsätze entgegenhalten. In denen steht nämlich an symbolträchtiger elfter und damit letzter Stelle folgender Grundsatz: »Der Kölner Karneval hat Humor und Leichtigkeit.« Mehr kann man nicht verlangen, oder?

Für Besserwisser:

Das Festkomitee – nichts als Hetero-Männer?

Im offiziellen Karneval kamen Frauen lange Zeit nur als Gäste auf ausgewählten Sitzungen und als Tanzpartnerin bei Maskenbällen vor. Selbst die heute allgegenwärtigen weiblichen Tanzmariechen wurden erst unter der NS-Diktatur eingeführt, weil die zuvor üblichen Männer in Frauenkleidern der offiziellen Ideologie zuwiderliefen. Ab 1938 war selbst die Jungfrau im Dreigestirn eine echte Frau – das wurde allerdings nach dem Krieg direkt wieder abgeschafft. Männer mit Lippenstift passten offenbar eher zum kölschen Selbstverständnis als Frauen in Führungspositionen.

Auch heute sind die großen Karnevalsgesellschaften allesamt männlich dominiert. Die wenigsten unter ihnen ermöglichen Frauen überhaupt die Mitgliedschaft, und die erste rein weibliche Karnevalsgesellschaft »Colombina Colonia e.V.« ist derzeit nur »Hospitierende Gesellschaft« und damit eine Stufe unter der vollwertigen Festkomiteemitgliedschaft. Aus Letzterem lässt sich allerdings nicht automatisch auf etwaige Frauenfeindlichkeit im Festkomitee schließen. Durch die komplizierte Komiteesbürokratie dauert der Weg zum Vollmitglied für jede neue Gesellschaft mindestens zehn Jahre.

Auch der schwul-lesbische Karneval gewinnt erst nach und nach an Einfluss im Festkomitee: Während das schwule Tanzkorps »StattGarde Colonia Ahoj« inzwischen immerhin »Förderndes Mitglied« im Festkomitee ist (das ist noch eine Stufe unter den Hospitierenden Gesellschaften), blieb diese Ehre den Rosa Funken bisher versagt – was auch daran liegen mag, dass sie bei ihren Auftritten die Traditionskorps parodieren. Wenn's um den Karneval geht, hört für viele Karnevalisten eben der Spaß auf, oder um es mit Trude Herr zu sagen: »Das mit der Heiterkeit nehmen wir ernst.«

Spass als Politikum

»Als wir das erste Mal im Gürzenich auf der Bühne ›Superjeilezick‹
gespielt haben, und hinter uns stand der Prinz und sang mit:
›Maach noch ens die Tüt an‹ (übersetzt etwa: ›Zünd' noch mal
nen Joint an‹, der Autor), *da hab ich zu meinem Bruder gesagt:*
›Revolution!‹ Und es war eigentlich auch eine Revolution. Das
muss man sich mal überlegen, was der da singt.«
Peter Brings, Frontmann der Gruppe »Brings«

Jede Bürokratie produziert Skandale – spätestens dann, wenn Menschen sich nicht ihren Regeln beugen wollen. Der organisierte Karneval ist da keine Ausnahme. In der Session 2001/2002 etwa galten Witze über den 11. September oder Osama bin Laden als zu brisant und daher unerwünscht. Einer der prominentesten Büttenredner, »Et Rumpelstilzje« Fritz Schopps, baute sie trotzdem in sein Programm ein. Als Quittung wurde er in der nächsten Session nicht mehr so oft und vor allem nicht bei den einträglichsten Veranstaltungen gebucht.

Auch bei der Musik herrschen andere Regeln als im Kneipenkarneval, wo jeder DJ das auflegen kann, was ihm und dem Publikum gefällt: Hier wird von den Verantwortlichen im Festkomitee ganz klar vorsortiert, was gespielt werden soll und was nicht. Brings' Überraschungshit »Superjeilezick« schaffte es seinerzeit trotz Haschisch-Anspielung an der Zensur vorbei, doch das ist die Ausnahme. Offiziell soll die Vorauswahl sicherstellen, dass ein gewisses Niveau gehalten wird. Allerdings kann man sich als unbeteiligter Beobachter schon fragen, welches Niveau das sein mag.

So wurde etwa vor einigen Jahren »Poppe, Kaate, Danze« beanstandet, ein anderer Titel von Brings. Im Text ging es um einen Spießbürger, der bei allen großen Sprüchen nichts auf die Reihe bekam außer Sex, Kartenspielen und Tanzen. Offizieller Stein des Anstoßes war das Wort »poppe«, das als zu obszön empfunden wurde. Im selben Jahr spielten die Räuber ein Stück, in dem nicht viel mehr passierte, als dass ein männlicher Erzähler einer Frau Dinge wie das Folgende erklärte: »Ich hab da was, was du nicht

hast, komm, willst du es mal sehn? (…) Es passt in deine Hand« –
weil im Text keine »bösen« Worte vorkamen, wurde das Lied auf
Sitzungen rauf und runter gespielt.

Einen ganz anders gearteten Tabubruch begingen die Bläck
Fööss, als sie in »Ävver bitte met Jeföhl« mit einem Karnevalslied
offen Kritik am Zustand des Karnevals übten: Horden von Besof-
fenen in der Innenstadt, miese Plätze für alle, die keine VIP-Kar-
ten haben, unlustige Sitzungen mit »Preisen wie im Edelpuff« et
cetera. Im Grunde alles altbekannte Probleme, die während der
Session in den entsprechenden Spalten der Kölner Tagespresse
unzählige Male durchgekaut werden – aber im Karneval selbst wurde so etwas vorher höchstens von den alternativen Stunkern beim
Namen genannt.

Langfristige Folgen haben diese Scharmützel so gut wie nie: »Et
Rumpelstilzje« ist immer noch erfolgreich auf den Sitzungsbühnen
unterwegs, die Titel, die Brings nicht auf den Sitzungen spielen
kann, sind der Renner im Kneipenkarneval, und die Bläck Fööss
sind sowieso unangreifbar. Trotzdem sorgten Vorzensur und Froh-
sinnspolitik mit dafür, dass der Graben zwischen organisiertem
Karneval und dem, was auf der Straße und in den Kneipen gefeiert
wird, wieder ähnlich weit anwuchs wie zur Gründungszeit des Festkomitees – oder anders gesagt: Der offizielle Karneval hat ein
Nachwuchsproblem, weil er auf junge Kölner oft genauso unattrak-
tiv und altbacken wirkt wie auf Imis.

Die dringend notwendige Erneuerung des Karnevals begann
dann auch nicht aus dem Festkomitee, sondern kam von außen – und
zunächst einmal in Form eines kräftigen Schlags ins Gesicht aller
Karnevalstraditionalisten: Die Stunksitzung trat auf den Plan.

Die Anarchie kehrt zurück – der Aufstieg des alternativen Karnevals

»Karnevalisierung heißt immer Umkehrung:
Der Narr wird König, der König wird erniedrigt.
Menschen ohne Humor werden Prinz Karneval.
Die Stunksitzung war die Umkehrung der Umkehrung.
Der ernste, steife Präsident wurde ersetzt durch
den Punk, der Prunk durch den Stunk. Dadurch gelang
wiederum die Umkehrung vieler Antikarnevalisten zum
Karnevalisten, indem man das Bedürfnis der Alternativszene
nach kabarettistischer Gesellschaftskritik in ein Sitzungsformat
überführte, in dem es sich dann auch mal lohnte, zuzuhören.«
Jürgen Becker, Kabarettist und Mitbegründer der Stunksitzung

Alle Karnevalsveranstaltungen, die nicht vom Festkomitee oder einer der traditionell gegliederten Karnevalsgesellschaften organisiert werden, werden in Köln unter dem Begriff »alternativer Karneval« zusammengefasst – auch wenn sich dahinter oft ganz verschiedene Dinge verbergen.

Als erster wichtiger Termin im alternativen Karneval gilt das Jahr 1985: Damals organisierten engagierte Studenten der FH Köln zum ersten Mal die Karnevalsveranstaltung, die das Gesicht des kölschen Karnevals grundlegend verändern sollte: die Stunksitzung. Während der offizielle Karneval zunehmend damit beschäftigt war, in Anzügen herumzusitzen und sich selbst und die eigene Stadt zu feiern, waren die Stunker anders: jung, respektlos, laut und kabarettistisch. Beliebte Zielscheiben waren von Anfang an die beiden kölschen Institutionen, bei denen Anspruch und Wirklichkeit am weitesten auseinanderdrifteten: die Kirche als Hüterin der christlichen Ideale und die Karnevalisten als Verwalter des Frohsinns.

Das Establishment reagierte erwartbar empört, was der jungen Veranstaltung natürlich noch mehr Aufmerksamkeit einbrachte: Die Stunker sind stolz darauf, seit 25 Jahren stets vor ausverkauftem Haus zu spielen. Der durchschlagende Erfolg machte deutlich, dass es einen Bedarf für eine solche Veranstaltung gegeben hatte – eine moderne Karnevalssitzung für alle, die nichts mit dem ewig gleichen Aufzug von Tanzkorps, Büttenrednern und Stimmungskapellen anfangen konnten.

Freilich hatte das Ganze auch einen unerwarteten Nebeneffekt: Die Stunksitzung ignorierte den traditionellen Karneval ja nicht – sie thematisierte, kritisierte und karikierte ihn und sprach dadurch die Missstände an, die ansonsten gern unter den Teppich gekehrt wurden. Indem die Stunker die Schwächen des Festkomitees öffentlich der Lächerlichkeit preisgaben, zwangen sie das Komitee dazu, sich endlich zu verändern. Die Stunksitzung als Retter des organisierten Karnevals – damit hatte wohl keine der beiden Seiten gerechnet.

Das Jahr 1991 brachte einen weiteren wichtigen Erfolg für den alternativen Karneval: Nach dem Ausbruch des Golfkriegs sagte das Festkomitee alle offiziellen Karnevalsveranstaltungen ab – inklusive des Rosenmontagszugs. Für die Kölner ein Unding, in etwa so, als würde man Weihnachten wegen eines Krieges absagen. Kurzerhand organisierten friedensbewegte Jecken – auch aus dem Stunkerumfeld – für den Rosenmontag eine Antikriegsdemonstration, die dem geplanten Weg des Zuges folgen sollte. Eine Vielzahl von Kölnern folgte dem Aufruf, oft gespenstisch kostümiert, und schaffte so ganz ohne zentrale Lenkung den Spagat, den das Festkomitee zuvor nicht gemeistert hatte: Die Verbindung von kölscher Karnevalstradition und ernstem politischen Anliegen. Der bis heute alternativ organisierte »Geisterzug« entwickelte sich danach zu einem festen Bestandteil der Karnevalstage.

Aber alternativer Karneval ist nicht nur politisch – in den 1990er Jahren entdeckte auch die schwul-lesbische Szene den Fastelovend für sich: Schwule Karnevalsgesellschaften entstanden, und homosexuelle Künstler und Comedians organisierten die schwul-lesbische »Rosa Sitzung«.

Während das Festkomitee inzwischen die Berührungsängste mit dem alternativen Karneval langsam verliert, deuten die neuesten Strömungen unter den alternativen Karnevalisten wieder in eine ganz andere Richtung: Nach der oft schrillen Modernisierung wird nun vermehrt Niveau und Tradition eingefordert – sei es auf den »Loss mer singe«-Veranstaltungen, bei alternativ-traditionellen Sitzungen wie dem »Jeckespill« oder den Konzerten kölscher Liedermacher. Plötzlich haben die einst alternativen Jecken genau das Anliegen, das auch die Gründer des Festkomitees 1823 für sich reklamierten: Den kölschen Fastelovend vor Verrohung und Verflachung zu retten und zu bewahren. Und damit ist die karnevalistische Umkehrung, von der Jürgen Becker oben sprach, wohl komplett – jedenfalls bis zur nächsten jecken Volte.

Drink doch ene met –
Wie man den
Kneipenkarneval
überlebt und Spass daran hat

In jeder Kneip' da dun mer eine nemme
bis mer Diensdoch Ovend nit mih könne.
Bläck Fööss, »Kradechor«

(In jeder Kneipe trinken wir einen,
bis wir Dienstagabend nicht mehr können.)

Karnevalsumzüge und -sitzungen sind dem Nicht-Rheinländer zunächst sehr fremd. Kneipenkarneval geht da schon
eher. Trinken können schließlich die meisten – wenn auch
normalerweise zu anderer Musik und ohne Kostüm. Daher erscheint ein Kneipenbesuch vielen Imis als der beste Einstieg in den
Karneval. Das stimmt auch: Nirgendwo kommen Sie so leicht in
Stimmung wie in einer gut gefüllten Karnevalskneipe.

Für den Kölner ist Kneipenkarneval aber mehr als einfach nur feiern, singen und trinken. Er ist Ausdruck eines ganz eigenen Le-
bensgefühls:

»Das ist völlig klar, dass die Situation in einer Karnevalskneipe
nicht der Alltag ist, aber die Emotion, die dabei entsteht, hat schon
damit zu tun, dass sich da für den Moment Sehnsüchte nach einer
gelungenen Gemeinschaft erfüllen: So könnte die Welt sein, wenn

die Leute gut zusammen sind. Das ist schon schade für jemanden, wenn er in seiner Biographie nie den Kneipenkarneval richtig erlebt hat.«
Georg Hinz, Erfinder von »Loss mer singe«

»Da erfüllt sich eigentlich so eine Art politische Vision: ohne soziale Unterschiede, anarchisch. Deswegen müssen die Leute auch immer weinen, weil es so schön ist und weil so etwas eben im Alltag nicht funktioniert. Dann erleben sie so ein Glücksgefühl, das sie sonst nicht bekommen.«
Helmut Frangenberg, Moderator und Sitzungspräsident bei »Loss mer singe« und Mitbegründer von »Jeckespill«

Sie merken vielleicht, es ist nicht ganz dasselbe wie bei der Beachparty in der Großraumdisco. Und natürlich ist es unmöglich, Ihnen hier eine Anleitung zu geben, wie Sie garantiert diese Glücksgefühle bekommen, von denen Helmut Frangenberg spricht. Damit Sie aber nicht völlig überfordert sind, kann es nicht schaden, wenn Sie schon eine gewisse Ahnung haben, was Sie da erwartet.

Gleich zu Anfang drei wichtige Tipps:

1.) Gehen Sie nicht nur an einem Tag los! Und schon gar nicht nur am Rosenmontag, da haben Ihnen alle anderen Feiernden sonst schon vier Tage Karneval voraus. Auch Jecken müssen erst einmal in Stimmung kommen, und je mehr Sie unterwegs sind, umso besser wird es.

2.) Kostümieren Sie sich – man kommt sich schnell albern und sehr einsam vor, wenn man der einzige Mensch in Alltagskleidung in einer Karnevalskneipe ist. Tun Sie sich das nicht an, es verdirbt den Spaß.

3.) Wenn Sie eine nette Kneipe gefunden haben: Gehen Sie am nächsten Tag möglichst wieder dorthin.

Als Erstes müssen Sie sich entscheiden: Gehen Sie allein los oder in der Gruppe? Gestandene Jecken haben kein Problem damit, allein auf die Piste zu gehen – entweder ahnen sie schon, dass im Stammlokal eh Bekannte auf sie warten werden, oder sie lernen einfach neue Leute kennen, schließlich ist das zu Karneval kein Problem. Als Anfänger sollten Sie das aber bitte, bitte nicht versuchen – die Umgebung ist fremder, als man denkt. Gerade wenn Sie eine Frau sind, die nicht verzweifelt auf Männersuche ist, ist es sowieso angenehmer, in der Gruppe loszugehen. Viele Männer betrachten Frauen zu Karneval leider als Freiwild. In den meisten Kneipen kann man unerwünschte Anmachen zwar nett ablehnen, aber in der Gruppe werden Sie deutlich seltener in diese Verlegenheit kommen als allein.

Tun Sie sich, wenn möglich, mit maximal vier anderen Bekannten zusammen – zu große Gruppen können im Gedränge in der Kneipe schnell zum Problem werden, weil man sich aus den Augen verliert. Am besten ist es, wenn wenigstens einer oder eine von Ihnen schon ein eingefleischter Jeck ist. Nicht nur wegen der besseren Ortskenntnis, sondern vor allem, weil eine Gruppe Imis viel leichter anfängt, mitzufeiern, wenn wenigstens einer keine Angst hat, den Anfang zu machen.

Sollte Ihre Gruppe aus mehr als fünf Personen bestehen, sollten Sie sich eher auf Brauhäuser als auf Kneipen konzentrieren, oder Sie besorgen sich Karten für eine Party (siehe im entsprechenden Kapitel) – da haben Sie dann zwar nicht die typische Kneipenatmosphäre, können sich aber wenigstens sicher sein, dass Sie alle reinkommen.

Nehmen Sie so wenig Sachen mit wie möglich. Auch und gerade im Karneval sind Diebe unterwegs, und in dunklen, überfüllten Kneipen kann man leicht etwas verlieren. Lassen Sie alles zu Hause, was Sie nicht unbedingt brauchen, und nehmen Sie nur so viel mit, wie Sie am Körper (das heißt nicht in der Jacke) tragen können. Telefonieren können Sie in den lauten Kneipen kaum, also kann das Handy auch zu Hause bleiben. Statt EC-Karte und kompletter Geldbörse sollten Sie einfach nur genug Bargeld für den Abend und eine eventuelle Heimfahrt mit dem Taxi dabeihaben. (50 Euro pro Person sollten normalerweise ausreichen – wenn Sie ganz sichergehen wollen, nehmen Sie 100 Euro mit, das ist mehr als genug.) Fotoapparate sind auch Geschmackssache – nicht nur, weil man aufpassen muss, dass man sie nicht verliert, sondern auch, weil wenige Dinge so sehr nerven können wie eine Kneipe, in der ständig irgendwelche Leute Blitzlichtbilder machen, statt einfach mitzufeiern. Vielleicht können Sie einen aus Ihrer Gruppe zum Fotografen ernennen.

Nehmen Sie möglichst nicht Ihre beste Jacke mit. Es kann passieren, dass sie in einer dreckigen Ecke auf dem Kneipenboden landet – und auch ohne Diebe kann sie verschwinden, wenn ein angetrunkener Gast sich leider die falsche der drei Dutzend schwarzen Winterjacken genommen hat. (Womit auch geklärt wäre, warum Sie nichts in der Jacke lassen sollten.) Wenn es irgendwie möglich ist, sollten Sie eine große Mülltüte und einen Lackstift dabei haben. In die Mülltüte kommen alle Jacken ihrer Gruppe, sodass sie erstens auf einem Haufen und zweitens vor Dreck geschützt sind. Mit dem Lackstift können Sie die Tüte dann kennzeichnen, damit Sie sie zwischen all den anderen Mülltüten, die andere Leute für denselben Zweck mitgebracht haben, wiederfinden können.

Noch etwas für alle militanten Nichtraucher: Es wird geraucht. Viel geraucht. Erstens, weil das bei »Brauchtumsveranstaltungen« offiziell erlaubt ist, zweitens, weil es auch ansonsten kein Gesundheitsinspektor verhindern könnte.

Falls Sie einen ortskundigen Jecken dabeihaben, sollten Sie kein Problem haben, eine geeignete Kneipe zu finden, denn er oder sie wird wissen, wo es sich gut feiern lässt. Ansonsten ist es am einfachsten, in ein belebtes Veedel zu fahren (etwa Eigelstein, Sülz oder die Südstadt) und einfach mal zu schauen, welcher Laden sympathisch aussieht: Die Musik sollte Ihnen zusagen (siehe auch das Kapitel über Karnevalsmusik), die Leute sollten nett wirken, und gerade für den Anfänger kann es nicht schaden, wenn es nicht mehr ganz leer ist. So können Sie sich sicher sein, nicht ausgerechnet in einem der Läden gelandet zu sein, in denen zu Karneval nichts los ist.

Wenn Sie unbedingt im Voraus planen wollen, gibt es weiter hinten im Buch eine umfangreiche Liste von Karnevalskneipen – das ist aber wirklich nur eine willkürliche Auswahl und keine Hitliste. Es gibt jede Menge Läden mit toller Stimmung, die nicht dort stehen. Selbst Ausprobieren geht eindeutig über langes Studieren der Liste.

Bevor Sie die Kneipe Ihrer Wahl ansteuern: Stellen Sie sicher, dass Sie alles erledigt haben, was Sie nur draußen erledigen können. Noch schnell etwas essen? Drinnen gibt es meist nichts, und wer einmal drin ist, kommt so schnell nicht wieder raus. Genug Geld dabei? Falls Sie entgegen meinen Ratschlägen die EC-Karte eingesteckt haben, ist jetzt der Moment, an dem Sie noch etwas ziehen können.

Die erste Hürde ist in der Regel, überhaupt in die Kneipe reinzukommen: Die beste Stimmung herrscht in einer Karnevalskneipe zwar immer dann, wenn mindestens ein Dutzend mehr Menschen drin sind, als eigentlich überhaupt hineinpassen dürften, doch irgendwann ist der Laden wirklich voll. Wer dann noch vor der Tür steht, kann sich unter Umständen auf eine lange Wartezeit gefasst machen. Es gibt aber ein paar Tricks, mit denen Sie zu lange Schlangen vermeiden können.

Die beste Lösung ist es natürlich, früh genug loszugehen. Dann kommt man nämlich am leichtesten rein. Nicht nur in die Kneipe, sondern auch in die Stimmung. Wer in Ruhe beobachten kann, wie sich alles nach und nach füllt und die Jecken zögernd zu feiern anfangen, fühlt sich viel weniger fremd in einer Kneipe als jemand, der mitten in den Stimmungshöhepunkt reinplatzt. (Dafür sollten Sie natürlich die Kneipe gut genug einschätzen können, um sicher zu sein, dass sie sich auch wirklich füllt. Sonst hocken Sie zwei Stunden später immer noch einsam am Tresen.) Wie früh Sie da sein sollten, hängt ganz vom Wochentag ab:

Weiberfastnacht

Weiberfastnacht ist, wie gesagt, der Tag, auf den alle Jecken monatelang gewartet haben. In den richtigen Lokalen ergibt das eine Mordsstimmung, in den falschen ein gnadenloses Besäufnis.

Weil so viele Leute unterwegs sind, können Sie fast überall feiern: Zu Weiberfastnacht gibt es Karneval auch in den Kneipen, in denen an keinem anderen Abend der Karnevalstage Stimmung herrscht. Sie haben also eine Riesenauswahl, sollten allerdings im Zweifel ruhig einmal nachfragen, ob am nächsten Tag im selben Laden auch wieder gefeiert wird.

Vor allem in der Südstadt sollten Sie bis spätestens drei Uhr nachmittags »Ihre« Kneipe gefunden haben – ab da sind nämlich die meisten Straßenveranstaltungen des Tages vorbei, und eine Horde feierwütiger Jecken stürmt die Lokale und bleibt für die nächsten paar Stunden auch darin.

Wenn Sie nicht so früh los wollen, können Sie sich stattdessen auch am frühen Abend auf den Weg machen: So ungefähr ab 19 Uhr lässt bei vielen Jecken, die schon am Vormittag mit dem Feiern angefangen haben, die Kondition nach, und sie müssen nach Hause oder zumindest an die frische Luft. (Manche müssen auch am Karnevalsfreitag arbeiten.) Auch wenn Sie sich also wahrscheinlich noch immer anstellen müssen, sollten Sie abends recht zügig vorankommen.

Karnevalsfreitag

Der Freitag ist deutlich ruhiger als Weiberfastnacht. Viele Jecken haben sich am Vortag so verausgabt, dass sie erst einmal Pause machen müssen, andere sparen sich ihre Kräfte für den Samstag auf. Es lohnt sich daher kaum, vor 19 Uhr loszugehen. Ab circa 21 Uhr wird es allerdings in den beliebteren Läden voll, und Sie müssen wieder mit den lästigen Warteschlangen rechnen. Dafür ist das Freitagspublikum oft entspannter und weniger versoffen als die Jecken zu Weiberfastnacht.

Karnevalssamstag

Samstags sind wieder mehr Jecken unterwegs als am Freitag, aber wenn Sie zwischen 19 und 20 Uhr vor der Kneipe sind, sollten Sie in den meisten Fällen gut reinkommen. Informieren Sie sich auch, wo in diesem Jahr der Geisterzug langgeht. Wenn es ein Veedel ist, in dem sowieso viele Kneipen sind (etwa Nippes oder die Südstadt), werden die danach erst recht richtig voll.

Karnevalssonntag

Viele Jecken ruhen sich an diesem Tag aus oder schauen sich nur Karnevalszüge an. Deswegen können Sie es, ähnlich wie am Freitag, auch wieder ruhig angehen lassen, wenn Sie abends ausgehen. Zum Teil kann es sogar reichen, um 22 Uhr vor der Kneipe zu stehen, aber um sicherzugehen, ist es doch besser, eine Stunde eher da zu sein. Weil es so ruhig ist, kann es Ihnen auch passieren, dass die Kneipe, in die Sie wollten, gar nicht geöffnet hat – in der Regel sollten Sie aber nahebei eine Alternative finden können.

Rosenmontag

Tagsüber ist alles beim Zoch. In der Südstadt ist der schon am frühen Nachmittag vorbei, von daher können Sie da eigentlich gar nicht früh genug sein, wenn Sie noch in die Kneipe kommen wollen. In den meisten anderen Stadtteilen machen die Kneipen erst gegen 17 oder 18 Uhr auf – so ab 20 Uhr kann es dann aber schwer werden, reinzukommen. Achtung: Ein paar Wirte machen am Rosenmontag dicht, um selbst zu feiern. Es ist selten, aber es kommt vor.

Karnevalsdienstag

Für viele Kölner beginnt am Dienstag schon wieder der Arbeitsalltag. Spätestens nach den letzten Zügen am Nachmittag ist Karneval gefühlt vorbei. Dennoch: Wenn Sie Zeit und Energie haben, sollten Sie auch heute noch einmal losgehen, um den Nubbel (siehe rechts) zu verbrennen. Die Leute, die Sie an so einem Abend treffen werden, sind wirklich jeck und genießen es, noch ein letztes Mal feiern zu können.

Sie können sich noch einmal kostümieren, müssen es aber nicht unbedingt. Schlange stehen müssen Sie auf keinen Fall – so viel ist an diesem Abend nicht mehr los. Viele Kneipen machen erst um 21 Uhr auf. Die Nubbelverbrennung startet meist gegen 23 Uhr, und ein großer Teil der Jecken kommt erst ab circa 22 Uhr. Gehen Sie am besten in die Kneipe, in der Sie auch an den meisten der vorherigen Abende waren – wahrscheinlich kennen Sie inzwischen

Für Besserwisser:

Dät wor d'r Nubbel

Die Strohpuppe, die Sie an vielen Kneipen beim Warten über dem Eingang sehen, ist kein Zeichen für Lynchjustiz, sondern der Nubbel, strohgewordener Sündenbock für allen Unfug, den Jecken zu Karneval anstellen. Am Karnevalsdienstag wird er zur Sühne und als Zeichen des Karnevalsendes verbrannt. Die Organisatoren des Geisterzuges führen diesen Brauch auf das Verbrennen der aus Erbsstroh gefertigten heidnischen Winteraustreibungskostüme zurück, die meisten Quellen hingegen gehen davon aus, dass sich die Nubbelverbrennung erst im 20. Jahrhundert etablierte. Wie dem auch sein mag – es lohnt sich, am Dienstagabend vor der Kneipe seines Vertrauens zu stehen und der »Gerichtsverhandlung« und anschließenden Verbrennung des Nubbels beizuwohnen – es ist ein schöner Abschluss für die Karnevalssession.

schon einige der anderen Gäste, und das ist eine nettere Abschiedsatmosphäre, als wenn Sie zum Schluss noch einmal ein neues Lokal ausprobieren.

Trotz all dieser Tipps werden Sie aller Wahrscheinlichkeit nach an vielen Abenden in einer Warteschlange landen. Keine Panik, das ist normal. Wenn das Wetter schön ist und Sie nichts gegen ein bisschen Warterei haben, fragen Sie mal nach, wie schnell es vorangeht. Wenn es nicht zu schlimm erscheint, stellen Sie sich einfach dazu. Eine gut gelaunte Warteschlange kann fast so gut feiern wie die Leute in der Kneipe. Wenn man ganz viel Glück hat, wird man sogar vom Türsteher mit Bier versorgt, ansonsten hilft notfalls auch eine Flasche Kölsch von einem der unzähligen Büdchen (= Kioske), die Zeit zu verkürzen – nur mit in die Kneipe darf die nicht.

Wundern Sie sich beim Warten übrigens nicht, wenn manche Leute direkt hineingelassen werden. Das sind entweder Mitarbeiter oder Stammgäste – und es ist ein gutes Zeichen, wenn ein Lokal viele Stammgäste hat, denn die sorgen Karneval für Stimmung.

Sollten Sie keine Lust haben, lange zu warten, schauen Sie sich einfach mal in der Nähe um. Meist sind da noch andere nette Kneipen, die nicht so überfüllt sind wie die, in die Sie gerade wollen.

Hier ist auf jeden Fall noch Zeit für ein Kölsch.

Ganz ohne Anstehen geht es aber in den seltensten Fällen. Sie können die Zeit auch mit einem Samba-Tänzchen überbrücken – unter den Bögen von Severinstor und Eigelsteintorburg stellen sich abends regelmäßig Trommelgruppen auf und nutzen die tolle Akustik für mitreißende Auftritte.

Irgendwann haben Sie es aber in die Kneipe geschafft. Was nun? Zunächst sollten Sie Ihre Sachen loswerden. Also stopfen Sie alle Jacken in die mitgebrachte Mülltüte, und finden Sie einen Platz, wo diese weder im Weg herumliegt noch sonst wie in Gefahr ist. Praktisch ist dafür zum Beispiel der Platz unter Kneipenbänken. Machen Sie sich gar nicht erst die Mühe, an der Theke nachzufragen, ob die Mitarbeiter auf Ihre Sachen aufpassen können – sie können es nicht. Es sei denn, Sie kennen jemanden vom Personal. Wenn dem so wäre, müssten Sie aber dieses Kapitel hier nicht lesen.

Samba im Veedel

Falls Sie wider Erwarten ohne Schlange stehen reinkamen, ist jetzt auch ein guter Moment, um zu beurteilen, ob die Kneipe eher leer oder eher voll ist. Das geht sehr einfach: Wenn Sie problemlos einen Schritt nach vorn machen können, ohne sich an jemand anders vorbeiquetschen zu müssen, oder gar genug Platz zum Tanzen da ist, ist die Kneipe eher leer. Das heißt nicht, dass die Stimmung nicht gut ist, es heißt nur, dass Sie sich schon mal darauf vorbereiten sollten, dass es noch voller werden kann. Viel voller – denn eine eher volle Kneipe zeichnet sich dadurch aus, dass man im Gedränge eigentlich nur von der Stelle kommt, indem man sich anderen Jecken anschließt, die zufällig gerade dabei sind, sich ebenfalls einen Weg in dieselbe Richtung zu bahnen. Und manche Kneipen lassen selbst bei dieser Auslastung noch weitere Gäste rein. Falls Sie jetzt glauben, ich übertreibe, warten Sie einfach ab. Es wird voll.

Auch das hier ist Karneval noch unter »eher leer« zu verbuchen.

Als Nächstes sollten Sie sich zur Theke durchkämpfen. Zu Karneval kommt in vielen Kneipen keine Bedienung bei Ihnen vorbei – außer vielleicht, um die leeren Gläser wieder einzusammeln. Bestellen Sie Kölsch. Oder einfach »Bier« – in Köln ist das dasselbe. Nicht nur für sich selbst, sondern gleich für Ihre ganze Gruppe – das macht man so, und die anderen werden es auch tun, wenn sie an der Reihe sind. Wegen des allgemeinen Gedränges müssen Sie zu Karneval immer sofort zahlen, das erspart aber auch unangenehme Überraschungen am späteren Abend. Wenn Sie Pech haben, müssen Sie sich vor dem Bestellen noch an anderer Stelle Bons holen, um dann mit denen zu bezahlen. Das mag lästig erscheinen, aber regen Sie sich darüber nicht auf: Wenn Sie länger bleiben wollen, kann es durchaus praktisch sein, nicht bei jeder Bestellung Kleingeld abzählen zu müssen.

Dann ist es an der Zeit, sich einen Platz zu suchen, falls Ihre Gruppe das nicht eh schon getan hat. Meiden Sie möglichst alles, was zu nah an Türen oder Engstellen ist. Gerade wenn Sie mit mehreren Leuten da sind, wird es schnell nervig, wenn ständig andere Gäste an Ihnen vorbeimüssen. Falls Sie in der Nähe der Theke stehen: Lassen Sie andere durch, wenn die bestellen wollen. Wenn die ganze Gruppe ihr Kölsch hat: Anstoßen und trinken. Auch ruhig mit fremden Leuten um Sie herum. Und sollten Sie aus Versehen mal ein Bier zu viel gekauft haben – geben Sie es jemandem, der in der Nähe steht und gerade keines hat, auch wenn Sie ihn nicht kennen. Einerseits würde das Kölsch eh schal werden, bevor Sie so weit wären, es zu trinken, andererseits feiert man Karneval auch nicht allein oder in kleinen Gruppen, sondern am besten mit dem ganzen Laden. Sie können nicht jedem ein Bier kaufen, aber Sie können mit (fast) jedem anstoßen. Mit ein bisschen Glück bringt Ihnen dann plötzlich jemand, den Sie gar nicht kennen, auch mal ein Bier mit, und schon haben Sie neue Bekannte.

Deswegen sollten Sie auch nicht lange im Grüppchen herumstehen und die Eingeborenen bei ihren merkwürdigen Fastnachtsritualen bestaunen, sondern selbst mitmachen. Wer nur rumsteht und auf Bespaßung hofft, kann lange warten. Es ist gut möglich, dass Ihr erfahrener Karnevalsguide schon gar nicht mehr bei Ihnen steht, sondern bereits mit fremden Leuten feiert. Das können Sie auch. Am einfachsten geht das bei langsamen Schunkelliedern: Keine Berührungsängste haben, sondern einfach beim Nebenmann oder Nebenfrau unterhaken und mitmachen. Dann noch einmal genau beim Refrain zuhören, und Sie können auch mitsingen.

Falls Sie doch noch unbedingten Redebedarf mit Ihren Bekannten haben: Tun Sie dem ganzen Lokal einen Gefallen, indem Sie bestimmte Ecken nicht zum Rumstehen und Reden nutzen. Gemeint sind die Stellen, an denen die Stimmung am größten ist. Meist sind es Tische oder Bänke, auf denen die Jecken mitsingen und tanzen. Wenn es da gut läuft, dann kocht der ganze Laden. Wenn Sie sich dahin stellen, um sich in Ruhe zu unterhalten, stören Sie nicht nur Ihre Umgebung beim Feiern, sondern müssen auch ständig aufpassen, dass die umgebenden Jecken Sie nicht beim Tanzen oder Schunkeln versehentlich anrempeln. Verlegen Sie die Unterhaltung also entweder an einen weniger prominenten Ort oder, noch besser, auf später.

Ja, Sie dürfen auf den Tischen tanzen. Nur nicht runterfallen.

Allgemein gilt: Kleben Sie nicht an Ihrer Gruppe. Natürlich sollten Sie nicht einfach verschwinden, ohne den anderen Bescheid zu geben, aber in so einer Kneipe sind viele Leute, und anders als im Alltag sind fast alle gut gelaunt, freundlich und haben Lust, zu feiern – auch und gerade mit Fremden. Nutzen Sie das aus! Mit Ihren Bekannten können Sie auch morgen früh noch reden.

Wann ist es nun Zeit zu gehen?

Kurze Antwort: So spät wie möglich, aber spätestens, wenn Sie aus der Tür gefegt werden.

Lange Antwort: Wenn Sie einmal drin sind, sollten Sie erst einmal drinnen bleiben. Erinnern Sie sich an das, was weiter oben zum Thema Wartezeiten steht, und bedenken Sie: Wenn Sie einmal draußen sind, kommen Sie in der Regel nicht wieder rein, ohne sich hinten anzustellen, und das kann je nach Uhrzeit dauern. Legen Sie es auch nicht darauf an, möglichst viele Kneipen an einem Abend zu besuchen. Wenn Sie mit Ihrem ersten Ziel komplett zufrieden sind, dann bleiben Sie da, und gehen Sie ruhig auch am nächsten Abend wieder dorthin. Mit etwas Glück treffen Sie dieselben Leute, die Sie am Vorabend kennengelernt haben.

Wenn Sie aus irgendeinem Grund den Laden wechseln wollen oder müssen: Vor ein Uhr nachts können Sie an den meisten Abenden damit rechnen, vor anderen Kneipen wieder anstehen zu müssen. Ausnahmen sind Weiberfastnacht und Rosenmontag – da sind viele Jecken schon länger auf den Beinen, dementsprechend früher geht ihnen am Abend die Puste aus.

Falls Sie sich fragen, wann denn spätestens Schluss ist – das hängt von der Kneipe ab. In manchen Kneipen wird gefeiert bis alle Gäste weg sind, auch wenn das bis sieben Uhr morgens dauert, in anderen versucht der Wirt irgendwann von sich aus, Feierabend zu machen. (Der Versuch ist allerdings nicht immer von Erfolg gekrönt – es sind Fälle bekannt, in denen die Gäste dann einfach selbst noch fast eine Stunde weitersangen.) Gerade in kleineren Kneipen ist die Zeit kurz vor Schluss oft die netteste: Das Lokal ist nicht mehr ganz so voll, das Personal kann endlich auch einmal ein bisschen mitfeiern und belohnt die konditionsstärksten Jecken womöglich noch mit Freibier.

Wenn Sie sich wirklich aufmachen, um zu gehen, kann es Ihnen passieren, dass Sie Ihre Jacke nicht auf Anhieb wiederfinden. Geraten Sie nicht sofort in Panik, sondern suchen Sie in einem etwas größeren Umkreis um die Stelle, wo Sie sie abgelegt haben: Durch allgemeines Herumwühlen kann eine Jacke im Laufe des Abends erstaunliche Wanderungen vollführen. Sollte sie danach noch immer nicht auftauchen: Ärgern Sie sich nicht zu sehr, denn wenn Sie die obigen Tipps beachtet haben, war die Jacke ja nicht mehr viel wert, und es war auch nichts Wichtiges darin. Sagen Sie an der Theke Bescheid, und fragen Sie, wann Sie vorbeikommen können, um am nächsten Tag unter den zurückgelassenen Jacken zu suchen, oder wie Sie erfahren können, ob jemand, der aus Versehen Ihre Jacke mitgenommen hat, diese später wieder abgegeben hat.

Falls Sie selbst zu Hause feststellen, dass Sie die falsche Jacke mitgenommen haben: Bringen Sie diese am nächsten Tag in die Kneipe zurück, und fragen Sie nach, ob das Personal Ihre Jacke gefunden hat.

Vielleicht sind Ihnen all diese Tipps zu viel – Sie wollen doch einfach nur feiern. Dann vergessen Sie dieses Kapitel ganz schnell wieder, und halten Sie sich im Zweifel an den Ratschlag von Peter Brings:

> *»Wenn man richtig Karneval feiern will, geht man einfach an Weiberfastnacht in eine ganz normale Veedelskneipe und lässt das auf sich zukommen. Und dann dauert das nur ein paar Sekunden: Wenn du ne Dame bist steht, ein Herr neben dir, wenn du ein Herr bist, steht ne Dame neben dir, und die bieten dir ein Kölsch an. Klappt hundertprozentig.«*
> Peter Brings, Frontmann der Gruppe »Brings«

Und mer trecke durch de Stadt –
Das Mysterium des
Strassenkarnevals

Schirve, Splitter, Schläjereie, stinkbesoffene Pänz,
uns Altstadt es en Müllkipp, do kritt mer doch de Krämp.
Vor der Bühne schwatze Sheriffs, Kameras un VIPs,
die Lück, für die mer singe wolle, krijje janix met.
Bläck Fööss, »Ävver bitte met Jeföhl«

(Scherben, Splitter, Schlägereien, stinkbesoffene Kinder,
unsere Altstadt ist eine Müllkippe, da kriegt man doch Krämpfe.
Vor der Bühne Schwarze Sheriffs, Kameras und VIPs,
die Leute, für die wir singen wollen, kriegen gar nichts mit.)

»Der Kölner Karneval ist ein Mitmachfest, bei dem sich jeder prä-
sentieren kann. Die Stadt wird zur Bühne für alle. Deshalb bleibt
der Straßenkarneval im Grunde immer der eigentliche Karneval.«
Helmut Frangenberg, Moderator und Sitzungspräsident bei »Loss mer
singe« und Mitbegründer von »Jeckespill«

Straßenkarneval hat jeder Imi schon einmal gesehen. Ob man will oder nicht: Jedes Jahr bringt das Fernsehen dieselben Bilder vom »Rosenmontag am Rhein«, und die Kommentatoren erklären einem, wieso die Pappmaché-Aufbauten, die da von Treckern gezogen durch die Straßen wackeln, dieses Jahr wahnsinnig bissig sind. Wenn Sie mich fragen: Anderen Leuten im Fernsehen beim Straßenkarneval zuzugucken, ist genauso spannend, wie

jemandem beim Computerspielen zuzusehen. Aber auch das gab es
ja jahrelang im deutschen Fernsehen.

Wer den wirklichen Straßenkarneval erleben will, dem hilft das
Fernsehen nicht. Da haben Sie zwar den besseren Blick und mehr
oder weniger fachkundige Erklärer, aber dafür wirklich gar nichts
von der Stimmung. Also los, rein in ein warmes Kostüm und dann
raus auf die Straße! Aber möglichst nicht allein, denn Straßenkarneval macht nur in einer Gruppe wirklich Spaß.

Achtung: Tun Sie sich einen Gefallen, und nehmen Sie keine Glas-
flaschen mit in den Straßenkarneval. Die sorgten nämlich in den ver-
gangenen Jahren für ein solches Scherbenchaos, dass die Stadt Köln
im Jahr 2010 zwischen Weiberfastnacht und Rosenmontag erstmals
zeitweilige Glasverbote für die Altstadt, Teile der Ringe sowie das Zülpicher Viertel erlassen hat. Und: Ja, an den Absperrungen wird kon-
trolliert. Natürlich könnten Sie jetzt anfangen, zu gucken, wann genau
wo kein Glas mitgenommen werden darf, und die Zonen entsprechend
umgehen, aber am einfachsten ist es, auf Plastikflaschen und -becher
zu setzen, mit denen haben Sie garantiert keine Probleme.
Als Nebeneffekt zeigen die Absperrungen für die Glasverbotszonen dem
Ortsunkundigen übrigens auch sehr schön an, wo an welchen Tagen die
Kampftrinkgegenden beginnen.

Die Sessionseröffnung am 11.11. und die Strassenkarnevalseröffnung zu Weiberfastnacht

Kommen wir gleich am Anfang auf zwei Termine im Straßenkarneval zu sprechen, die Sie sich als Anfänger nicht unbedingt antun
müssen: Nämlich die beiden Massenveranstaltungen in der Altstadt – traditionell auf dem Alter Markt, derzeit dank KVB-Bau-
stellen aber manchmal auch auf dem Heumarkt. Am 11.11. um
11 Uhr 11 wird die Sessionseröffnung gefeiert, zu Weiberfastnacht
um dieselbe Zeit die Eröffnung des Straßenkarnevals. Auf diese
beiden Veranstaltungen beziehen sich auch die am Kapitelanfang
zitierten Bläck-Fööss-Textzeilen, die vor einigen Jahren einen klei-

nen Skandal im kölschen Karnevalsolymp auslösten. Es stimmt aber tatsächlich: Zu diesen Gelegenheiten drängen sich unglaubliche Menschenmassen auf dem Alter Markt, und die Wahrscheinlichkeit, dass Sie viel vom Bühnengeschehen mitbekommen können, ist entsprechend gering.

Mein Tipp: Schenken Sie sich das. Stattdessen können Sie am 11.11. einfach etwas früher in eine Kneipe gehen, bevor der Rest der Welt hineinstürmt. Weiberfastnacht hingegen sollten Sie in die Südstadt gehen. Am Severinskirchplatz spielen auf einer kleineren Bühne bekannte kölsche Bands, und an der Severinstorburg findet gegen 13 Uhr 30 das Jan-und-Griet-Spiel des Reiterkorps Jan von Werth statt, das allein wegen der Laienspielkünste der jedes Jahr frisch gewählten Hauptdarsteller höchst unterhaltsam ist. Nach dem Spiel können Sie auf der Severinstraße den ersten Karnevalszug der Session bewundern, wenn Jan von Werth mit seinem Tross in Richtung Alter Markt zieht, und sich danach in eine der Südstadtkneipen begeben. Glauben Sie mir – es macht mehr Spaß als das Gedränge in der Altstadt.

Die Bühne am Severinskirchplatz. Wenn Sie glauben, dass Sie hier wenig sehen, gehen Sie mal zum Alter Markt!

Für Besserwisser:

Jan und Griet

Jan von Werth wuchs im 17. Jahrhundert als Bauernsohn auf, brachte es aber im Laufe des Dreißigjährigen Krieges bis zum Reitergeneral in kurkölnischen Diensten. Der kölsche Hang zur Sentimentalität führte dann dazu, dass ihm jene Legende angedichtet wurde, die jedes Jahr an der Severinstorburg gespielt wird:

Jan ist als einfacher Knecht in die Magd Griet verliebt, die weist ihn aber zurück, da sie etwas Besseres will als einen einfachen Knecht. Praktischerweise kommt am Punkt des größten Liebeskummers die spanische Armee vorbei, von der Jan sich kurz entschlossen anwerben lässt. Viele Jahre später zieht er als siegreicher Reitergeneral – inzwischen nicht mehr für die Spanier, sondern für Köln unterwegs – in Köln ein und entdeckt dort Griet, die an einem Marktstand Obst verkauft. Er reitet zu ihr, und es kommt zu den beiden Dialogsätzen, auf die das ganze Publikum wartet: Jan sagt: »Griet, wer et hätt jedonn!« (In etwa: »Griet, hättest du es mal getan!« Ihn zu heiraten nämlich.) Griet erwidert bewegt: »Jan, wer et hätt jewoss!« (Also: »Jan, wer konnte das ahnen.«) Zufrieden damit, Griet seinen sozialen Aufstieg demonstriert zu haben, zieht Jan mit seinem Tross weiter Richtung Alter Markt.

Moral für die Damenwelt: Es kommt nicht darauf an, den reichsten oder mächtigsten Mann zu heiraten – es kommt darauf an, dass man den Mann heiratet, der einmal der reichste und mächtigste sein wird.

So zieht also ein kölscher Reitergeneral in die Stadt ein.

Perfekt organisiert bis zum Schluss: Der Rosenmontagszug.

Die „klassischen Karnevalszüge"

Karnevalszüge sind die auffälligste Ausprägung des Straßenkarnevals. Wie schon zuvor erwähnt, leistet sich Köln nicht nur einen Umzug, sondern, über die Stadtteile und die närrischen Tage verteilt, insgesamt mehrere Dutzend! Der große Rosenmontagszug ist davon mit Abstand der längste und bekannteste, aber nicht unbedingt der charmanteste. Einerseits hat natürlich kein anderer Zug so aufwendige Persiflage-Wagen und so viele verschiedene Gruppen. Andererseits hat aber auch kaum ein Zug noch so wenig mit dem ursprünglichen Gedanken von Karneval als Mitmachfest zu tun, denn alles ist perfekt organisiert – bis hin zum Punkt, ab dem keine Kamelle mehr geworfen werden dürfen.

Tribünen-Lastwagen als Brauchtums-Sichtblende.

Längst nicht jeder darf im großen Zoch mitlaufen: Dafür muss man entweder in einem Karnevalsverein sein, der ordentliches Mitglied im Festkomitee ist, oder vom Komitee eingeladen worden sein. Das ist einerseits verständlich und notwendig, denn der Zug ist jetzt schon so lang, dass die ersten Gruppen die 6,5 Kilometer lange Strecke bereits hinter sich haben, bevor die letzten überhaupt losmarschieren, andererseits sind so die meisten Jecken dazu verdammt, beim größten Ereignis der Session nur Publikum und Beiwerk sein zu dürfen. Kleinere Züge leben hingegen davon, dass sich Teilnehmer und Zuschauer kennen: Es sind die eigenen Nachbarn, Mitschüler oder Kollegen, die dabei sind – und wenn man selbst mitlaufen will, muss man nicht mehr tun, als sich rechtzeitig mit den Leuten in Verbindung zu setzen, die den Zug organisieren. Ich kenne Exil-Kölner, die zu Karneval von weit her anreisen, um bei ihrem Veedelszoch dabei zu sein, sich aber nicht einmal die Mühe machen, als Zuschauer zum großen Rosenmontagszug zu gehen.

Zu allem Überfluss werden immer größere Teile des Zugwegs von Tribünen oder zu Behelfstribünen umfunktionierten Lastwagen eingerahmt. Übelstes Beispiel ist der Heumarkt. Den stellt neuerdings eine Finanzfirma, deren Name irgendwie unglücklich an »Justizirrtum« erinnert, komplett mit Tribünen zu, um der ganzen Chose dann den klangvollen Namen »Colosseum« zu verpassen. Wer auf solchen Tribünen sitzen will, muss teure Karten kaufen. Dafür hat er sich dann auch komplett in einen reinen Frohsinnskonsumenten verwandelt, der nicht verstanden hat, dass zum Karneval das Mitfeiern gehört. All die Jecken hingegen, die wie üblich am Zugweg stehen und für Stimmung sorgen wollen, haben immer weniger Platz, weil an allen möglichen und unmöglichen Stellen eine Tribüne den Weg versperrt.

Tipp: Kostenlose Tribüne für Rollstuhlfahrer

Bei allem Gemecker über den Tribünenwahnsinn sollte nicht vergessen werden, dass sie für eine Gruppe von Jecken ein wahrer Segen sind: diejenigen nämlich, die nur im Rollstuhl den Zoch verfolgen können. Großmütigerweise hat das Festkomitee denn auch eine (!) der unzähligen Tribünen als Rollstuhlfahrertribüne deklariert. Karten dafür bekommen Sie kostenlos gegen Vorlage eines entsprechenden Ausweises im Kartenbus des Festkomitees, der ab Januar auf dem Neumarkt steht.

Wie schon oben angedeutet, sind die Züge in den Veedeln in dieser Hinsicht deutlich empfehlenswerter: Es gibt keine Tribünen, und man ist als Zuschauer näher am Geschehen. Es herrscht eine intimere Atmosphäre, weil eben die Beziehung zwischen Teilnehmern und Zuschauern direkter ist, und – ganz pragmatisch gedacht – meist ist auch die Süßigkeitenausbeute größer, denn dort balgen sich nicht so viele Jecken um jedes Stück Schokolade und jedes Strüssje.

Lassen Sie sich aber von alledem nicht davon abhalten, zum Rosenmontagszug zu gehen. Mit der richtigen Gruppe und an einem Platz, an dem Sie gut sehen können, macht der eine Menge Spaß. Aber zwingen Sie sich nicht, unbedingt den kompletten Zoch durchzuhalten, und schauen Sie sich ruhig auch einmal einen der anderen Züge an – zum Beispiel den sehr beliebten Ehrenfelder Dienstagszug oder die Schull- und Veedelszöch, die am Nachmittag des Karnevalssonntag entlang der leicht gekürzten Strecke des Rosenmontagszuges ziehen. Die kleineren Karnevalsvereine, die

Je kleiner der Zug, desto liebevoller die Kostüme.

dort mitlaufen, präsentieren meist sehr sehenswerte Wagen und Kostüme, denn die beste Gruppe darf am Rosenmontag im großen Zug mitlaufen. Wer das ist, ermittelt eine Jury des Festkomitees, deren Mitglieder jeweils für jede Gruppe zwischen ein und zehn Punkten vergeben können. Dafür bekommen sie einen umfangreichen Kriterienkatalog an die Hand. Im Jahre 1979 etwa enthielt dieser als »Positiv-Kriterien« unter anderem Kostümierung und Liebe zum Detail, während Minuspunkte zum Beispiel vergeben wurden, wenn in Gruppen aus der Flasche getrunken wurde oder sich das Werfen von Kamellen nicht »in einem eng begrenzten Rahmen« bewegte. Glücklicherweise lassen sich die Teilnehmer von dieser Bürokratie nicht irritieren und haben meist sichtlich Spaß am Mitlaufen.

Für Besserwisser:

Wieso »Zöch« statt »Zoch«?

Die Schull- und Veedelszöch sind, wie so vieles im kölschen Karneval, eine etwas verwirrende Angelegenheit. Es sind zwei Züge, deren Gruppen auch getrennt durchnummeriert sind (Ordnung muss sein im Karneval!), sie finden aber immer gemeinsam statt und wirken beim Anschauen eher wie ein zusammenhängender Zug. Hintergrund ist Folgendes: Im Schullzoch laufen Gruppen diverser Kölner Schulen mit. Auch wenn die Kinder zum Teil sehr phantasievolle Kostüme haben, will man sie nicht dem Wettbewerbsdruck aussetzen, um jeden Preis in den »großen« Zoch gewählt werden zu wollen. Darum konkurrieren nur die Teilnehmer des nachfolgenden Veedelszoch, in dem Vereine aus den diversen Veedeln mit dabei sind. Da die beiden Züge aber immer direkt aufeinanderfolgen, hat sich als Sammelname »Schull- und Veedelszöch« etabliert.

Was sollten Sie dabei haben, wenn Sie zum Rosenmontagszug oder zu einem der anderen Züge gehen? Auf jeden Fall eine Menge Freunde – da macht das stundenlange Stehen mehr Laune. Außerdem können Sie dann aufteilen, wer was mitbringt. Ein Pittermännchen Kölsch mit Zapfbesteck und dazugehörigen Trinkgefäßen (eventuelle Glasverbote beachten!) und ein oder zwei Thermoskannen mit Kaffee oder Tee sind gerade bei den längeren Zügen eine feine Sache (Achtung: Toilettengänge während des Zuges sind nicht ganz unproblematisch, und es gibt keine Garantie, dass Sie Ihren schönen Platz wiederkriegen), dazu noch ein bisschen was zum Essen: Beliebt sind Frikadellen und Ähnliches. Auf keinen Fall sollten Sie vergessen, Tüten oder Taschen zum Kamellesammeln mitzubringen, denn die Ausbeute wird groß sein. Je nach Wetteraussichten ist auch Regenschutz nicht das Schlechteste. Den ganzen Kram können Sie dann in einen Bollerwagen packen, der für den Rückweg auch als Kamelletransporter genutzt werden kann.

Bringen Sie große Taschen mit – es lohnt sich.

Das Mitnehmen von Musikinstrumenten empfiehlt sich nur, wenn Sie diese auch tatsächlich so spielen können, dass die Umstehenden Freude daran haben. Das heißt, Sie müssen dazu in der Regel mindestens zu zweit sein, Ihre Instrumente sowie ein paar Karnevalslieder wenigstens leidlich beherrschen und auch noch ein Gespür dafür haben, wann man einfach mal Pause machen sollte. Für Imis heißt das also meistens: Lassen Sie es lieber. Reine Lärminstrumente wie Druckluft-Tröten oder die seit 2010 bekannten Vuvuzela-Plastik-trompeten sollten Sie auf jeden Fall zu Hause lassen. Was schon im Fußballstadion nervt, ist im Karneval auch nicht besser aufgehoben.

Wenn Sie beim Rosenmontagszug einen guten Platz haben wollen, müssen Sie an den meisten Stellen früh da sein. Vor allem in der Südstadt und der Innenstadt empfiehlt es sich, mindestens zwei Stunden vorher an seinem Lieblingsplatz zu sein. (Achtung: Um

Klingt besser als jede Vuvuzela.

Imis zu irritieren, startet der Rosenmontagszug schon vor 11 Uhr 11! Zuletzt war der offizielle Starttermin 10 Uhr 30.) Bedenken Sie dabei, dass Sie nicht die Einzigen sein werden, die sich in die Stadt aufmachen. Am Rosenmontag rollt bei der KVB alles, was Räder hat, trotzdem platzen die Bahnen aus allen Nähten. Gerade wenn Sie einen Bollerwagen oder andere sperrige Gegenstände dabeihaben, ist es womöglich nötig, zu Fuß zu gehen. Das Gleiche gilt nach dem Zoch für den Heimweg.

Wer die beste Stimmung haben will, sollte versuchen, den Zug in der Südstadt zu erwischen. In der schwulen Szene ist hingegen die Gegend um die Hohe Pforte ein beliebter Treffpunkt, um den Zug gemeinsam anzusehen. Gegen Ende des Zugwegs, in den Straßen um den Appellhofplatz, lichten sich die Zuschauerreihen etwas, sodass Sie mit kleinen Gruppen auch noch ganz ordentliche Plätze finden können, wenn Sie erst ankommen, während der Zug schon an Ihnen vorbeimarschiert. Andererseits haben die Zugteilnehmer nach mehreren Kilometern aber auch nicht mehr ganz den Elan, den sie zu Beginn des Umzugs hatten.

Bei den kleineren Zügen sind diese Planungen unnötig. Dort ist meist so viel Platz, dass es nicht nötig ist, sich schon lange vorher an den Zugweg zu stellen.

Wenn Sie an Ihrem Platz angekommen sind: Nutzen Sie die Wartezeit, um sich mit Ihren Nachbarn bekannt zu machen. Das ist nett, vertreibt die Zeit schneller und senkt außerdem das Risiko, dass diese gar zu unhöflich werden, wenn es ums Kamellesammeln geht.

Auch Sie als Imi sollten natürlich gewisse Benimmregeln für das Zochpublikum einhalten: Verteidigen Sie Ihren Platz nicht mit Klauen und Zähnen. Natürlich können Sie freundlich um etwas mehr Raum bitten, wenn Sie jemand anders gar zu sehr zur Seite schiebt, aber Karneval ist ein Fest, bei dem man zusammen feiert, nicht miteinander konkurriert. Auch nicht beim Aufsammeln von Süßigkeiten: Lassen Sie Ihren Nachbarn etwas übrig. Insbesondere, wenn ein Wurf ganz offensichtlich gezielt ausgeführt wurde, sollten Sie erst einmal dem gewünschten Empfänger Gelegenheit geben, die Gabe aufzusammeln, statt sich sofort wie ein Aasgeier draufzustürzen. Auch umgedrehte Regenschirme oder ähnliche Fangeinrichtungen haben ihre Berechtigung hauptsächlich für die Jecken, die von Fenstern aus zuschauen und deshalb keine Chance haben, Bonbons vom Boden aufzuklauben. Direkt am Straßenrand machen Sie sich unbeliebt, wenn Sie so etwas hochhalten, weil Sie den Menschen hinter Ihnen sowohl die Sicht auf den Zug als auch die Chance auf Kamelle rauben.

Besonders unfein ist es, Kindern die Süßigkeiten vor der Nase wegzuschnappen – und nein: »Das ist ungesund für die Kleinen« zählt dabei nicht als Ausrede. Kinder dürfen immer nach ganz vorn. In die zweite Reihe gehören Erwachsene, die auf die Kinder aufpassen und unbedingt einschreiten müssen, wenn sie sehen, dass ein Kind im Begriff ist, auf den Zugweg zu laufen oder sich sonst wie in Gefahr zu bringen – egal, ob das Kind das eigene ist oder irgendein fremdes! Zwar gehen an allen Wagen im Zug »Wagenengel« mit, die Unfälle verhindern sollen, aber das heißt nicht, dass die Jecken

am Zugweg alle Verantwortung abgegeben hätten. An einigen Engstellen kommen große Fahrzeuge und Pferde sehr dicht an aus-
gelassenen Zuschauern vorbei; gerade da können gar nicht zu viele
Leute aufpassen, dass nichts passiert. Wenn Ihnen das zu viel Verantwortung ist, geben Sie sich lieber mit der dritten oder vierten
Reihe zufrieden.

Ihre eigenen Chancen auf Kamelle und Strüssje erhöhen Sie einerseits dadurch, dass Sie sich in die Nähe der WDR-Fernsehka-
meras stellen, andererseits aber auch durch lautes Rufen von – Sie
haben es wohl schon geahnt – »Kamelle« und »Strüssje«. Das hilft
zwar nicht unbedingt etwas, weil es alle um Sie herum auch tun,
aber es macht Spaß. Gerade bei Pralinenschachteln haben übrigens
Zuschauer, die weiter hinten stehen, durchaus Vorteile, da die Form
der Verpackung die Zugteilnehmer regelmäßig zu mehr oder weniger erfolgreichen Frisbeeversuchen animiert.

Diese Packung sollte leicht zu fangen sein!

Der Sternmarsch

Eine recht junge und noch kaum bekannte Veranstaltung ist der Sternmarsch der Veedelsvereine, der am Abend des Karnevalsfreitag in der Altstadt stattfindet. Von diversen Plätzen aus ziehen die kostümierten Gruppen zum Alter Markt, wo zum Abschluss bekannte Karnevalskünstler auftreten. Hier können Sie zwar keine Kamelle fangen, sich aber doch einmal selbst entspannt auf eine der (an diesem Tag kostenlosen) Tribünen setzen und dem bunten Treiben zusehen, bevor Sie später auf Kneipentour gehen. Der Sternmarsch ist auch eine gute Gelegenheit, Kinder mit zum Straßenkarneval zu nehmen. Es gibt viele Kostüme zu sehen, und es dauert alles längst nicht so lange wie beim »großen« Zug.

Der Geisterzug

Der alternative Geisterzug geht ganz andere Wege als der offizielle Karneval − und das ist durchaus wörtlich zu nehmen: Die Strecke wechselt jedes Jahr. Sie hängt normalerweise mit dem Zugmotto zusammen (nicht zu verwechseln mit dem Sessionsmotto des Festkomitees). Das Zugmotto wiederum greift meist ein Thema aus der lokalen Politik auf. Der Zug entwickelte sich aus der spontanen Anti-Kriegs-Demonstration, die im Golfkriegsjahr 1991 anstelle des abgesagten Rosenmontagszugs stattfand. Die Kombination von Karneval und Politik hatte einen Nerv getroffen, und die Organisatoren entschieden, den Geisterzug künftig als Institution am Karnevalssamstag zu etablieren. Anders als andere Umzüge findet er im Dunkeln statt und ist ausdrücklich eine Mitmachveranstaltung: Jeder Jeck ist aufgerufen, sich am vorher bekannt gegebenen Treffpunkt einzufinden und mitzuziehen. Am Ende des Zugwegs findet dann ein großes Fest statt, meist mit alternativen kölschen Bands.

Der Geisterzug hat kaum Wagen oder Ähnliches, und es wird auch nichts in die Menge geworfen − stattdessen rufen die Organisatoren alle Teilnehmer dazu auf, sich geisterhaft und/oder dem Motto gemäß zu verkleiden. Leider kommen im Laufe der Jahre immer weniger Teilnehmer diesem Aufruf nach, sodass der Zug hauptsächlich aus einer ungeordnet vorandrängenden, flaschen-kölschtrinkenden Menschenmasse besteht.

Maskottchen des Geisterzugs ist der »Ähzebär« (Erbsenbär), ein Kostüm aus Erbsstroh, das nach Angabe der Organisatoren die älteste Karnevalsmaskierung überhaupt sein soll und angeblich in dieser Form schon bei heidnischen Winteraustreibungsfeiern genutzt wurde. Nach dem Ähzebär ist auch der Verein benannt, der jedes Jahr den Zug organisiert und schon seit Jahren über Finanz- und Personalnot klagt: Zwar ziehen jedes Jahr Tausende Jecken mit, aber kaum jemand setzt sich mit den Hintergründen des jeweiligen Zugwegs auseinander oder kommt auf die Idee, zu spenden oder mitzuhelfen.

Im Jahr 2000 wurde der Geisterzug offiziell abgesagt, weil der Verein die Kosten für die Organisation (Ordner, Straßensperrungen et cetera) nicht tragen konnte. Nur das Abschlussfest sollte stattfinden. Das Resultat war natürlich, dass trotzdem circa 4.000 »Geister« ungenehmigt entlang der zuvor bekannt gegebenen geplanten Strecke zogen. Seitdem fand der Geisterzug jedes Jahr offiziell statt – einmal sogar auf ausdrücklichen Wunsch von Polizei und Ordnungsamt, die ansonsten unkontrollierbare »wilde« Karnevalszüge befürchteten – womit einige Kritiker den Beweis erbracht sahen, dass der einst so anarchische Geisterzug nun endgültig Teil des jecken Establishments geworden war.

Ganz so alternativ ist der Geisterzug tatsächlich nicht mehr: Zu den Sponsoren zählt inzwischen auch das Festkomitee. Trotzdem bleibt die Organisation allein in der Hand des »Ähzebär un Ko e.V.« Wohl auch als Versuch, das nicht mehr so recht angenommene politische Konzept zu modernisieren, hat sich der Verein für die Jahre 2010 bis 2015 etwas Besonderes auf die Fahne geschrieben:

Zum Andenken an die römische Kaiserin Agrippina, nach der Köln benannt wurde, plant der Ähzebär e.V. bis zu ihrem Geburtstag im November 2015 eine Reihe von Veranstaltungen – unter anderem führt jeder Geisterzug von 2010 bis 2015 durch Straßen, die für das römische Köln von Bedeutung waren. Daneben wurde ein umfangreiches Konzept für sonstige Gedenkfeiern entworfen, das sich imposant liest, bei dem aber leider noch völlig unklar ist, ob es realisiert werden kann.

Dreimol Kölle Alaaf –
Karnevals-
sitzungen, und wieso
sie nicht (immer) so schlimm sind,
wie der Imi denkt

Hans und Grete waren bei ner Sitzung Gast,
schunkelten voll Freude ohne Ruh' und Rast.
Fritz Weber, »Der schmucke Prinz«

»Als wir eine reine Rockband waren, da war ich um die 26, und
da fanden wir diese Sitzungen ganz klar uncool. Das sind eher
›mittelalte‹ Menschen, die da hingehen, das ist nichts für junge
Leute. Mittlerweile sind wir selbst in dem Alter, und da hab ich
da auch eine ganz andere Sicht darauf entwickelt.«
Peter Brings, Frontmann der Gruppe »Brings«

Sitzungen bleiben vielen Menschen fremd – nicht nur Imis,
sondern auch Kölnern. Viele verbinden damit die Vorstellung, mehrere Stunden am Stück in Frack und Abendkleid
zu sitzen, sündhaft teuren Wein zu trinken und mehr oder weniger
lustigen Komikern zuzuhören – nach Spaß klingt das nicht.
  Diese Vorstellung ist weder ganz falsch noch ganz richtig. Tatsächlich ist der Sitzungskarneval ein wichtiger Bestandteil des köl-

schen Fastelovends und gerade für die Jecken interessant, die keine Lust oder Kondition haben, die Nacht in überfüllten, verrauchten Kneipen durchzuschunkeln oder stundenlang in der Kälte am Zugweg auszuharren. Erwarten Sie allerdings als Imi auf einer Sitzung nicht automatisch den gleichen Aha-Effekt, den Sie vielleicht haben, wenn Sie in einer Kneipe mit guter Stimmung landen; Sitzungen sind eher gewöhnungsbedürftig.

Schauen wir uns zunächst einmal die traditionellen Sitzungen an, das heißt die Art Sitzung, wie sie von typischen Karnevalsgesellschaften in der Regel abgehalten wird. Danach widmen wir uns den diversen Alternativen dazu, die in den letzten Jahrzehnten entstanden sind.

Die traditionelle Karnevalssitzung

»Einen Fremden ohne Gruppe in so eine klassische Sitzung zu schicken, das ist riskant. Man sieht da schon schockierende Sachen. Da kann es passieren, dass der dann zehn Jahre später mit einem völlig falschen Bilde die Stadt verlässt und glaubt, dass das, was er da einmal erleben musste, der Kölner Karneval war.«
Helmut Frangenberg, Moderator und Sitzungspräsident bei »Loss mer singe« und Mitbegründer von »Jeckespill«

Wenn Sie zuvor das Kapitel über die Karnevalsgeschichte übersprungen haben: Jetzt wäre ein guter Zeitpunkt, es zu lesen. Sitzungen sind untrennbar mit dem Prinzip Karnevalsverein (oder »Karnevalsgesellschaft«, wie sich die meisten Kölner Karnevalsvereine vornehm nennen) verbunden: Sie entstanden aus dem notwendigen Übel einer Vereinssitzung und entwickelten dann ein jeckes Eigenleben, das wiederum im Zuge wachsender Vereinsmeierei immer mehr in selbstgefälliger Traditionshuberei verloren ging und mit Spaß nur noch am Rande zu tun hatte.

In den letzten Jahren hat eine Wandlung im Sitzungskarneval eingesetzt. Bestimmte Traditionen und Ämter sind geblieben, nur erfolgt eine langsame Rückbesinnung, dass der Karneval eben gerade keine staatstragende Veranstaltung ist, sondern eigentlich einmal genau jenes aufgeblasene Getue persiflieren sollte, dem der später selbst zum Opfer fiel. Das liegt wohl einerseits an der viel unterhaltsameren Konkurrenz des alternativen Karnevals, andererseits am langsamen Verschwinden einer Generation, die Erfüllung darin fand, sich ironiefrei Karnevalsorden an die befrackte Brust zu heften, solange nur genügend Bankdirektoren und sonstige »Entscheider« dabei zugegen waren.

Wie kommen Sie nun auf eine traditionelle Sitzung?

Als Erstes sollten Sie sich überlegen, was für eine Sitzung Sie besuchen wollen – auf den Webseiten der Karnevalsgesellschaften wird eine breite Auswahl geboten: Prunksitzung, Galasitzung, Kostümsitzung, Herren-, Damen- oder Mädchensitzungen und vieles mehr. Was verbirgt sich dahinter?

In den meisten Fällen bestimmt der Name der Sitzung vor allem die Kleidung, die Sie als Gast anziehen sollten, bei Herren- und Mädchensitzungen offensichtlich auch noch, wer überhaupt teilnehmen darf. In der Regel finden Sie auf den Eintrittskarten sowie auf den Webseiten der verantwortlichen Gesellschaft genaue Hinweise, was für eine Art von Kleidung erwartet wird, trotzdem hier ein kurzer Überblick:

Prunk- und Galasitzungen sind, kleidungstechnisch betrachtet, letztlich dasselbe. Erwartet wird vornehme Garderobe: Abendkleider bei den Damen, dunkler Anzug oder Smoking bei den Herren.

Bei Kostümsitzungen wird dagegen ein gewisses Maß an Verkleidung erwartet. Notfalls reicht ein jeckes Hütchen mit bunter Fliege zum schwarzen Anzug, die meisten Jecken setzen aber auf aufwendigere Verkleidungen. (Und nein: Ein Cowboyhut allein ist kein Kostüm, besonders deswegen, weil zu große Hüte Ihren Tischnachbarn die Sicht nehmen können.) Sitzungskostüme können etwas detaillierter und filigraner gestaltet werden als solche für Kneipe oder Straße, weil sie nicht so großen Strapazen standhalten müssen. Nur zu warm sollten sie nicht sein, sonst kommen Sie im vollen Sitzungssaal schnell ins Schwitzen.

Falls Sie sich übrigens jemals nach dem Sinn der Verkleidung bei einer Kostümsitzung gefragt haben sollten, erklärt Ihnen das die

»Große Kölner« im unnachahmlichen Karnevalsbürokratendeutsch auf ihrer Webseite: »Die Kostümierung bewirkt sofort eine heitere Stimmung.«

Da nun immer mehr Jecken Lust darauf haben, dass »sofort eine heitere Stimmung bewirkt« wird, werden reine Prunksitzungen zunehmend von kombinierten Prunk- und Kostümsitzungen verdrängt. Da können Sie dann selbst entscheiden, wie Sie kommen wollen.

Herren- und Mädchensitzungen wenden sich jeweils nur an eines der beiden Geschlechter. Mit »Mädchen« sind dabei Frauen jeglichen Alters gemeint. Welche Kleidung hier erwünscht ist, entnehmen Sie am besten der Ankündigung oder Eintrittskarte – traditionell findet die Herrensitzung im Anzug statt, die Mädchensitzung hingegen im Kostüm, es gibt aber Ausnahmen.

Neben diesen etablierten Formaten gibt es auch noch Sonderformen wie die »Fracksause« der Großen Kölner KG, den »Kosiba« (»Kostüm-Sitzungs-Ball«) der Kölnischen KG sowie die speziell von und für Jugendliche konzipierte »Tärää-Sitzung« und viele mehr. Wenn Sie sich nicht sicher sind, ob eine bestimmte Sitzung etwas für Sie ist, was Sie dazu anziehen sollen oder ob ein Imbiss bereits im Preis enthalten ist oder extra kostet, fragen Sie einfach bei der Gesellschaft nach, die sie veranstaltet.

Karten für die Sitzungen bekommen Sie theoretisch im Kartenbus des Festkomitees, der ab Januar auf dem Neumarkt steht. Zu diesem Zeitpunkt ist allerdings immer schon fast alles Interessante ausverkauft. Besser ist es, wenn Sie so früh wie möglich (gern schon ab dem vorhergehenden Frühjahr) auf den Webseiten der Karnevalsgesellschaften sowie bei KölnTicket Ausschau halten, um sich Karten für die gewünschten Veranstaltungen zu sichern.

Als Anfänger sollten Sie auf keinen Fall allein eine Sitzung besuchen – der Kölsche ist zwar kommunikativ, geht aber selbst in der Regel im Rudel auf Sitzungen und unterhält sich dementsprechend auch mehr mit seinen Bekannten als mit den sonstigen Tischnachbarn.

Wer diese Tischnachbarn sind, wird übrigens bei den meisten Sitzungen vom Veranstalter festgelegt: Sie bekommen einen Tisch zugewiesen. Wie gut dieser Tisch gelegen ist, hängt ganz davon ab, welchen Rang Sie innerhalb der Gesellschaft bekleiden oder ob Sie zum Beispiel Fördermitglied oder sonst wie gesellschaftlich wichtig sind. Mit anderen Worten: Als einfacher Imi sitzen Sie ganz hinten.

Um großes Stühlerücken zu vermeiden, sollten Sie nicht erst auf den letzten Drücker ankommen, sonst haben sich Ihre Tischgenossen womöglich so hingesetzt, dass Sie nicht mehr als Gruppe nebeneinandersitzen können. Wenn Sie selbst früh genug da sind: Setzen Sie sich direkt neben einen der besetzten Stühle, lassen Sie also nicht unnötig einzelne Plätze frei, sonst stehen spätere Ankömmlinge vor genau dem gleichen Problem.

Sitzungen von einigermaßen traditions- und auch anderweitig reichen Gesellschaften finden meist in einem von Kölns Vorzeigesälen statt, etwa den Sartory-Sälen, dem Gürzenich (auch gern »Kölns Gute Stube« genannt) oder dem Kristallsaal der Messe. Hinter diesen teils beeindruckenden Namen verbergen sich in der Regel eher nüchterne Räumlichkeiten, deren 1950er-Jahre-Interieur vermuten lassen könnte, dass gleich Peter Frankenfeld vor den Vorhang tritt, um »auch die Zuhörer an den Rundfunkempfängern in der Ostzone« zu begrüßen. Lassen Sie sich davon nicht irritieren. Nicht alle Witze sind so angestaubt wie das Umfeld.

Vor allem bei vornehmeren Sitzungen gibt es vor Beginn bereits ein Programm im Foyer, bei dem wichtige Menschen das tun können, weshalb sie vorwiegend auf diese Veranstaltung gekommen sind: Kontakte knüpfen, sehen und gesehen werden. Für Sie als weniger wichtigen Menschen ist das in der Regel eine gute Gelegenheit, Kölsch zu trinken – im Saal herrscht nämlich selbst bei Kostümsitzungen in der Regel Weinzwang. Offizielle Begründung ist, dass damit die Unruhe vermieden werden soll, die entsteht, wenn Köbese (= Kellner) und bierbedingte Toilettenbesucher während der Sitzung rein- und rauslaufen. So laufen stattdessen die Leute rein und raus, die sich zwischendurch ein Kölsch im Foyer genehmigen. Da wird nämlich auch während der Sitzung weitergezapft, und durch Ihren Imi-Katzentisch am Rande des Geschehens ist die Chance gut, dass Sie einen kurzen Weg dahin haben.

Diesen Anblick – in Karnevalskneipen alltäglich – werden Sie in Sitzungssälen nicht zu sehen bekommen.

Wenn Sie doch lieber am Platz bleiben wollen, haben Sie neben Wein und Kalter Ente (einer Bowle aus Weißwein und Sekt) noch die Möglichkeit, Wasser zu bestellen – das alles allerdings oft, um die Bläck Fööss zu zitieren, zu »Preisen wie im Edelpuff«.

Das Wichtigste an einer Sitzung sollten aber natürlich weder Saal noch Getränke sein, sondern das Programm. Hier haben sich die großen Sitzungen inzwischen allesamt ziemlich angeglichen: Überall treten mehr oder weniger dieselben Künstler in unterschiedlicher Reihenfolge auf. Natürlich gibt es Variationen: Nicht jede Gesellschaft kann sich etwa die Fööss, Brings, Höhner und dazu noch hochkarätige Redner wie Bernd Stelter oder Guido Cantz leisten – darum gibt es neben einzelnen Highlights aus der Top-Riege der Karnevalisten meist noch Nachwuchskünstler (deren Qualität von »richtig gut« bis zu »gute Gelegenheit, im Foyer ein Kölsch zu nehmen« reichen kann) sowie zweit- oder drittklassige Stimmungsbands, deren einzige Daseinsberechtigung darin besteht, dass die Kölner Fastelovendsbühnen jeden Abend gefüllt werden müssen. Die einzelnen Auftritte dauern maximal eine halbe Stunde, dann müssen die Künstler weiter zum nächsten Engagement, wobei Bands jedesmal innerhalb weniger Minuten ihr komplettes Equipment auf- und abbauen müssen. Wie bei großen Musik-Festivals ist es auch bei Sitzungen am besten, wenn die bekanntesten Musiker möglichst spät auftreten, wenn die Stimmung schon am besten ist – doch bei teils einem halben Dutzend Sitzungen an einem Abend ist es klar, dass das nicht jeder Veranstalter schaffen kann.

»Wir bauen diese 20-Minuten-Auftritte genauso dramaturgisch auf wie unsere langen Konzerte, wir wollen den Leuten ja eine gute Show liefern. Nur mussten wir lernen, unsere Energie einzuteilen: Als Anfänger sind wir jedesmal mit voll Karacho raus auf die Bühne, und dann hingen wir nach vier Auftritten am Abend in den Seilen – aber da kamen dann noch mal drei oder vier. Da haben wir dann ganz schnell gelernt, uns ein bisschen Kraft aufzusparen, damit wir bis zum Schluss richtig loslegen können.«
Peter Brings, Frontmann der Gruppe »Brings«

Abgerundet wird das Programm durch artistisch beeindruckende Auftritte von Tanzkorps (viele Gesellschaften haben eines unter ihre Fittiche genommen), gesellschaftsinterne Ehrungen und Ordensverleihungen (mit etwas Glück möglichst wenige) sowie eventuell den Auftritt des Dreigestirns, der zumindest protokollarisch den Höhepunkt der Veranstaltung darstellt. Stimmungstechnisch meist eher nicht, schließlich stehen dort vorn keine Bühnenkünstler, sondern drei Geschäftsmänner im Karnevalsornat, die (neben viel Zeit) insgesamt einen sechsstelligen Eurobetrag investiert haben, um ihre Positionen im Kölner Gesellschaftsleben zu verbessern. Unterhaltungstalent, wie es etwa Wicky Junggeburth 1993 als Prinz mitbrachte, ist da die Ausnahme. Glücklicherweise sind die Herren im Terminstress und meist schon nach ein paar Minuten wieder verschwunden.

Auf der Bühne führt der Sitzungspräsident durchs Programm – in der Regel ist das auch der Präsident der ausrichtenden Gesellschaft. Ihm zur Seite sitzt der Elferrat. Er besteht in der Regel aus elf weiteren wichtigen Herren des Vereins, die hoffentlich für ein bisschen Stimmung auf der Bühne sorgen.

Am Laufen gehalten wird die Maschinerie hinter den Kulissen vom Literaten der veranstaltenden Gesellschaft – das ist der Mann, der schon vor anderthalb Jahren genau diese Künstler für genau diese Veranstaltung gebucht hat und jetzt aufpassen muss, dass alles wie am Schnürchen läuft. Das ist eine beachtliche Leistung, denn praktisch alle Teilnehmer treten an einem Abend auf mehreren Sitzungen auf. Deswegen gibt es einen ausgeklügelten Zeitplan, nach dem organisiert ist, wer wann wie viele Minuten auf die Bühne darf (und entsprechend bezahlt wird).

Natürlich lassen sich Unregelmäßigkeiten nicht immer vermeiden: Vielleicht überzieht ein Künstler um ein paar Minuten, oder die nächste Gruppe steckt im Verkehr fest und taucht einfach nicht auf. Der Literat muss in solchen Fällen blitzschnell umorganisieren, um auf jeden Fall eine Lücke im Programm zu vermeiden. Die ungeliebteste Option ist es dabei, einen Künstler, der pünktlich angekommen ist, aus Zeitgründen aus dem Programm zu streichen, denn die Verträge sind so abgefasst, dass in so einem Fall auch ohne Auftritt das volle Honorar fällig wird – und das kann teilweise empfindlich ins Geld gehen.

Einen guten Literaten erkennt man als Sitzungsbesucher daran, dass man nichts von seinen Anstrengungen merkt: Die Sitzung fließt ohne Hänger und mit einer gesunden Mischung aus Rednern und Musikern, lauten und leisen Nummern vor sich hin und steigert sich zum Schluss noch einmal so richtig, damit man gut gelaunt und zufrieden nach Hause geht.

Viele Sitzungen haben mittendrin eine Pause, in der zum Teil ein im Voraus bezahlter (und veranstaltungsgemäß überteuerter) Imbiss gereicht wird. Diese Zeit kommt wiederum all denen entgegen, die auf der Sitzung hauptsächlich wichtige Menschen treffen wollen – für die Stimmung ist sie eher hinderlich. Neuerdings wird daher vermehrt auf diese Pause verzichtet. Toilettengänge lassen sich schließlich auch während eher mäßiger Programmpunkte erledigen.

Überhaupt ist das Sitzungspublikum sehr kritisch, was das Programm angeht. Besonders schwer haben es da die Redner: Während bei Musikern erwartet und erhofft wird, dass sie auch viele ihrer alten Hits spielen (und darüber ein eventuell eher misslungenes Lied für die aktuelle Session gern verziehen wird), müssen Redner in jedem Jahr ein frisches Programm bringen, um nicht abgestraft zu werden – und ein großer Name hilft müden Witzen dabei auch nicht auf die Sprünge. Einige Redner, etwa »Der Werbefachmann« Bernd Stelter, reichern ihr Repertoire deshalb auch mit Liedern an, einfach, weil die – wenn sie denn einmal erfolgreich waren – kein Verfallsdatum haben.

Vielleicht fragen Sie sich jetzt, wieso ich Bernd Stelter gerade als »Werbefachmann« titulierte – der Mann ist doch offensichtlich Unterhaltungskünstler. Es handelt sich dabei um den Namen seiner Figur im Kölner Karneval. Guido Cantz ist als »Dä Mann für alle Fälle« unterwegs, Fritz Schopps ist »Et Rumpelstilzje«, Mark Metzger ist »Dä Blötschkopp« und so weiter. Dabei hängt es allerdings sehr vom einzelnen Künstler ab, inwieweit der Name der Figur das Programm bestimmt. Bernd Stelters Büttenreden zum Beispiel sind inzwischen eher Stand-up-Comedy über aktuelle Ereignisse, und Werbung kommt darin oft nicht einmal mehr als Motiv vor. Fritz Schopps hingegen beleuchtet alle Themen aus der Perspektive seiner Figur – inklusive des Standardsatzes: »Ach wie gut, dass niemand weiß …«

Wenn Sie mit Vorurteilen über flache Gags auf eine Sitzung kommen, werden diese durchaus bestätigt werden. So mancher eher lahme Witz wird durch charmanten Vortrag ausgeglichen. Anderseits verspielt sich ein Redner, der zu sehr auf Zoten und Kalauer setzt, schnell die Sympathien des Publikums, was für einen gewissen Anteil an intelligenten Gags sorgt. Schwierig für Sitzungsanfänger ist allerdings, dass viele Scherze Hintergrundwissen voraussetzen. Bei aktuellen politischen Ereignissen sollte das kein Problem sein, aber zum Teil werden auch lokale Skandälchen oder gar karnevalsinterne Vorgänge aufs Korn genommen. Auf die Spitze treibt das derzeit Fritz Schopps' Sohn Martin, der als »Rednerschule« unterwegs ist und verschiedene andere prominente Büttenredner parodiert. Erfahrene Sitzungsbesucher lachen regelmäßig Tränen über seine Nummern, Imis und Sitzungsfrischlinge sitzen ratlos daneben, denn wer die Originale nicht kennt, kann auch mit der Parodie meist nichts anfangen. Allgemein verständlicher sind dagegen die Darbietungen der Tanzkorps, die oft schon Zirkusqualität erreichen und gerade nach einer etwas faderen Nummer wieder für Stimmung im Saal sorgen können.

Eine erfreulich unverkrampfte Kostümsitzung mit Kölsch und zivilen Preisen ist übrigens die »Volkssitzung« der KG Alt Köllen, die jedes Jahr Anfang Januar in einem Bierzelt auf dem Neumarkt stattfindet. Ursprünglich zum 100. Jubiläum der Gesellschaft im Jahr 1983 eingeführt, war sie schnell eine der populärsten Karnevalssitzungen. Als die Stadt Köln im Jahr 2008 erwog, Veranstaltungen dieser Art auf dem Neumarkt zu verbieten, protestierten neben vielen Jecken sogar Dreigestirn und Festkomiteeleitung dagegen, indem sie demonstrativ mit schwarzen Pappnasen als Zeichen des Widerstandes auftraten. Die Kampagne zeigte Wirkung, und die Sitzung durfte bleiben. Karten gibt es in der Regel ab dem vorhergehenden Frühjahr auf der Webseite der KG Alt Köllen.

Alternative Sitzungen

»Mich stört dieses 08/15-Programm, das vom Fernsehen und von Agenturen auf die Bühnen der Sitzungssäle gestellt wird. Das ist für mich phantasielos und immer gleich. Bei der ›Loss mer singe‹-Sitzung und ›Jeckespill‹ haben wir dann gesagt: Wir behalten die Sitzungskultur, die ist an sich schön, aber es darf nicht dieser langweilige Einheitsbrei sein.«

Helmut Frangenberg, Moderator und Sitzungspräsident bei »Loss mer singe« und Mitbegründer von »Jeckespill«

In den 1980er und frühen 1990er Jahren war es noch einfach: Alternative Sitzungen, das hieß: jung, laut, politisch, bissig – eben alles das, was die »großen« Sitzungen des Festkomitees nicht waren. Vorreiter war die Stunksitzung, und nach deren Erfolg formierten sich Dutzende ähnlicher Sitzungen in den Veedeln und umliegenden Orten. Einige davon, wie etwa die »Prunksitzunk«, sind inzwischen schon wieder Geschichte, andere, zum Beispiel die Ehrenfelder Sitzung »Fatal Banal«, sind inzwischen auf dem Sprung zur stadtweiten Bedeutung.

Mitte der 1990er Jahre entdeckte dann auch Kölns schwule Szene den Karneval für sich: Schwule Komiker und Kleinkünstler rund um Hella von Sinnen organisierten die Rosa Sitzung, die wiederum zum Entstehen der Rosa Funken beitrug. Ganz wie bei den traditionellen Jecken ging es auch bei den Schwulen auf die Dauer nicht ohne Streitereien und Abspaltungen, sodass aus der Rosa Sitzung im Laufe der Zeit auch noch die Gloria-Sitzung und die Röschensitzung hervorgingen. Letztere ist die einzige der drei Veranstaltungen, die derzeit noch stattfindet.

Für Lesben hat sich daneben die »Schnittchensitzung« etabliert, und mit »Die Mariechen« gibt es seit dem Jahr 2001 auch ein lesbisches Tanzkorps, das – wie der Name schon sagt – komplett aus Mariechen besteht.

Im beginnenden 21. Jahrhundert schließlich brachen Karl Marx' Theorien sich auch im jecken Treiben Bahn: Aus der These, dem alteingesessenen Sitzungskarneval, und der Antithese des politischlauten Kabarett-Alternativ-Karnevals entwickelte sich als Synthese eine unüberschaubare alternative Sitzungsszene: Sei es »Deine Sitzung«, die »Loss mer singe«-Sitzung, »Jeckespill« oder die »Im(m)i-Sitzung« – selten war die Auswahl größer, ebenso aber auch die Verwirrung, ob das Label »alternativer Karneval« überhaupt noch taugt.

> *»Alternativer Karneval? Das ist eine Kategorisierung aus den Anfangszeiten der Stunksitzung, aber heute gibt's diesen Gegensatz zum sogenannten offiziellen Karneval des Festkomitees nicht mehr. Ich wüsste nicht, was alternativer Karneval heute sein sollte. Wir von ›Loss mer singe‹ und ›Jeckespill‹ sind's jedenfalls nicht.«*
> Helmut Frangenberg, Moderator und Sitzungspräsident bei »Loss mer singe« und Mitbegründer von »Jeckespill«

> *»Ich würde niemals sagen, dass wir mit der Immisitzung alternativen Karneval machen. Wie soll das gehen? Wie sollen wir eine Alternative machen? Wir wollen nur mitfeiern. Wir sind doch alle keine Kölner, wir sind aus Brasilien oder sonst woher. Wir sind keine Alternative, wir sind alle Imis!«*
> Selda Akhan, Regisseurin der »Immisitzung«

Ich behalte die Bezeichnung »alternativer Karneval« der Bequemlichkeit halber trotzdem einmal bei – allerdings in einem sehr weiten Sinne, nämlich als Kurzform für »Veranstaltungen, die sich nicht in das übliche Prunk-, Damen-, Kostüm-et-cetera-Sitzungsschema pressen lassen, sondern etwas Eigenständiges sind«.

Anders als bei der Stunksitzung und vielen anderen der ursprünglichen alternativen Sitzungen gibt es bei den jungen alternativen Sitzungen oft kein festes Ensemble. Stattdessen etabliert sich gerade eine eigene Karnevalisten-Szene, die auf diesen Veranstaltungen spielt. Häufig sind das auch junge Künstler, die zum Teil in der Nachwuchsförderung des Festkomitees ausgebildet wurden, aber noch nicht den Sprung auf die ganz großen Sitzungsbühnen geschafft haben. Gerade die »Loss mer singe«-Sitzung hat sich mit ihren jährlichen Castings auch die Entdeckung von Talenten auf die Fahnen geschrieben.

Eines haben alle alternativen Sitzungen gemeinsam: Viele der überkommenen Formalitäten der großen Sitzungen wurden abgeschafft: So gibt es keinen Weinzwang, meist auch keine Tischkarten (was aber auch heißt: Früh da sein lohnt sich, um gute Plätze zu bekommen), und niemand käme auf die Idee, Abendgarderobe zu fordern. Stattdessen mischen sich im Publikum Jecken in Kostüm und Zivil, wobei die Anzahl der Kostümierten zunimmt, je näher die tollen Tage rücken.

Hier ein kurzer Überblick über einige der bekanntesten alternativen Sitzungen – neben den hier genannten gibt es noch eine Reihe weiterer. Tagespresse, Plakate und Internet helfen, einen Überblick zu bekommen. Die meisten dieser Veranstaltungen finden übrigens in der Zeit zwischen Neujahr und Weiberfastnacht statt. Nur wenige von ihnen (zum Beispiel Stunksitzung und Lachende Kölnarena) haben auch Termine während der tollen Tage.

Ein Tipp

Viele Jecken bleiben am Abend vor Weiberfastnacht lieber zu Hause, um Kondition für den nächsten Tag zu sparen. Teilweise bekommen Sie für diesen Abend daher leichter Sitzungskarten als etwa für das Wochenende davor.

Stunksitzung

Die Institution im alternativen Sitzungskarneval – und gleichzeitig schon längst selbst ein Großbetrieb mit TV-Übertragungen und Millionenumsätzen. Viele Stunker der ersten Stunde sind inzwischen professionell als Kabarettisten oder Musiker unterwegs. Andere gehen bürgerlichen Berufen nach, sind aber trotzdem jedes Jahr wieder aufs Neue mit dabei. Mit den Jahren wuchsen Einnahmen, Budget und Erwartungen. Das eigentliche Bühnenbild wird zwar nur alle paar Jahre ausgetauscht, doch die Requisiten einzelner Sketche sind teilweise überraschend aufwendig gestaltet, was im Extremfall schon mal zu dem Eindruck führen kann, hier solle eine maue Pointe mit einer Materialschlacht aufgewertet werden. Doch bei allen unvermeidlichen Durchhängern, die eine mehrstündige Veranstaltung nun einmal mit sich bringt, überwiegen die kabarettistischen Treffer eindeutig. Die meisten Nummern beziehen sich auf die Politik und sind für einschlägig interessierte Imis schnell verständlich; und für die Sketche, in denen das Festkomitee aufs Korn genommen wird, sollten Sie als Leser dieses Buches genügend Hintergrundwissen haben.

Trotz des enormen Erfolgs sind viele Grundprinzipien aus der anarchischen Anfangszeit der Sitzung erhalten geblieben. So etwa der basisdemokratische Ansatz, der in der Planungsphase mitunter zu langen Debatten über Sketchideen führen kann, oder aber auch die absolut gleiche Bezahlung aller Mitwirkenden: Egal, ob Beleuchter oder Sitzungspräsidentin: Bei der Stunksitzung bekommen alle, die mitmachen, das Gleiche.

Anders als bei den traditionellen Sitzungen wird das gesamte Programm vom sitzungseigenen Ensemble bestritten, musikalische Beiträge kommen nahezu ausschließlich von der Hausband »Köbes Underground«. Nur der Elferrat ist bei jeder Sitzung ein anderer. Statt der früher im Sitzungskarneval üblichen steifen Herren, die sich um den Verein verdient gemacht haben, sitzen hier gut gelaunte kostümierte Gruppen, die nicht das Geringste mit der Organisation der Stunksitzung zu tun haben, sondern sich einfach bei den Stunkern um genau diese Aufgabe »beworben« haben.

Die Stunksitzung findet von Ende Dezember bis Karnevalsdienstag so gut wie jeden Abend im rechtsrheinischen »E-Werk« statt und ist immer in Windeseile ausverkauft. Besonders beliebt ist die Sonntagssitzung, nach deren Ende traditionell die Hausband »Köbes Underground« ein Marathon-Konzert gibt, für das auch unabhängig von der Sitzung Karten gekauft werden können.

Wer seine Sitzungskarten nicht direkt nach Vorverkaufsbeginn im Netz bestellt, kann nur auf Erfolg in der Ticketbörse auf der Stunksitzungswebseite hoffen. Ganz spontane Naturen können sich dort auch für den »Last-Minute«-Service registrieren: Wenn aus irgendwelchen Gründen Tickets zurückgehen, telefoniert das Sitzungsteam die Liste ab, um Leute zu finden, die an dem entsprechenden Termin können – das kann einige Tage oder aber auch erst wenige Stunden vor der Sitzung sein.

Wer Karten hat, sollte früh (mindestens eine Stunde vor Einlass) da sein, denn bis auf wenige Ausnahmen (Empore, Theke) gibt es keine reservierten Plätze – wer zuerst kommt, kriegt die besten Tische. Wer leer ausgegangen ist, für den läuft im WDR am

Weiberfastnachtsabend ein Zusammenschnitt oder in der Nacht von Freitag auf Samstag eine deutlich längere (aber trotzdem noch gekürzte) Fassung.

Webseite: www.stunksitzung.de

Fatal Banal

Die »kleine Schwester« der Stunksitzung hat es nach 18 Jahren Ehrenfelder Dasein im Jahr 2010 zum ersten Mal auch für ein paar Abende ins innerstädtische Gloria-Theater geschafft – wohl auch, weil nach dem Wegfall der bisherigen Gloria-Sitzung dort Bedarf für eine jecke Veranstaltung war. Doch die Sitzung ist alles andere als ein Lückenbüßer. Mit weniger Geld, aber mindestens genauso viel Biss werden hier ähnliche Themen angepackt wie drüben im E-Werk, und trotz einer großen Fan-Gemeinde sind die Sitzungen nicht ganz so schnell ausverkauft wie bei den Stunkern.

Webseite: www.fatalbanal.de

Die Lachende Kölnarena

Es mag etwas überraschen, dass ich eine lang eingeführte kommerzielle Großveranstaltung wie die Lachende Kölnarena unter »alternativem Karneval« einordne, aber sie ist – trotz inzwischen teils empfindlich hoher Eintrittspreise – auch nach über 40 Jahren in vielerlei Hinsicht das Gegenteil des steifen offiziellen Sitzungskarnevals. Das Konzept: Tausende kostümierter Jecken kommen in die Kölnarena (der offizielle Name »Lanxess-Arena« wird allgemein ignoriert), bringen sich meist ihre eigene Verpflegung mit (ja, das ist bei dieser Veranstaltung erlaubt – sogar Pittermännchen) und veranstalten so eine Art Indoor-Picknick, bei dem alles, was im Kölner Karneval Rang und Namen hat, auf die Bühne kommt. Hier gilt: Je größer die Gruppe, mit der man da ist, desto schöner. Der Kartenvorverkauf beginnt in der Regel schon im Frühjahr. Wenn Sie sich früh entscheiden, kommen Sie deutlich leichter an Karten als etwa für die Stunksitzung, aber trödeln sollten Sie auch nicht, denn normalerweise ist lange vor Sessionsbeginn alles ausverkauft.

Puppensitzung

Noch ein Veteran jenseits der Festkomiteesitzungssäle: Die Puppensitzung im Hänneschen-Theater werden Sie wohl nie live erleben. Das Theater ist winzig und die Karten so begehrt, dass Interessenten im Herbst traditionell mehrere Nächte vor dem Theater zelten, um sich im Vorverkauf Plätze zu sichern. Glücklicherweise können Sie es auch einfacher haben: Am Karnevalssonntag sendet der WDR eine Aufzeichnung. Um Spaß zu haben, sollten Sie allerdings Kölsch verstehen und eine gewisse Ahnung von der Kölner Lokalpolitik des letzten Jahres mitbringen, sonst gehen die Sprüche und Lieder, mit denen die Stockpuppen den alltäglichen Wahnsinn kommentieren, glatt an Ihnen vorbei. Auch als Kölscher werden Ihnen einige der flacheren Witze wohl schon mal wehtun, aber es ist schwer, sich dem Charme zu entziehen, mit dem die Puppen auch noch den ältesten Kalauer auf die Bühne bringen. Und falls Sie sich über die einhellige Begeisterung des Publikums wundern, wenn mal wieder einem der (von Stockpuppen vertretenen) Gaststars eine Blutwurst als Orden verliehen wird: Diese Wurst, mit all den Verwicklungen, die ihre Verleihung mit sich bringt, ist einer der Running Gags dieser Veranstaltung. Schauen Sie ein paarmal rein und Sie werden verstehen.

Webseite: www.haenneschen.de

Divertissimentchen

Das ist mal eine Veranstaltung, die schwer einzuordnen ist: Cäcilia Wolkenburg, die Theaterabteilung des Kölner Männer-Gesang-Vereins (der, wenn man sich den Namen ansieht, offenbar einen Merkwürdigen-Bindestrich-Fetisch hat), bringt alljährlich ein frisches Spielstück zu kölschen Themen auf die Opernbühne, verpackt in Karnevals- und Operettenmelodien, aber mit opulenten Kostümen wie bei großen Opern. Eine »richtige« Sitzung ist das nicht, aber auch mehr als nur ein Konzert. Auf jeden Fall ist es sehr beliebt, sodass es – trotz einer Vielzahl von Aufführungen während der Session – nicht leicht ist, an Karten zu kommen.

Webseite: www.kmgv.de

Röschensitzung

Aus diversen Streitigkeiten rund um die schwul-lesbische Rosa Sitzung ging am Schluss die Röschensitzung hervor, in der das Kernteam der Rosa Sitzung unter anderem Namen die gewohnte Mischung aus politischem Kabarett und schrill-schwuler Revue bietet. Klar, dass die Gags auch mal unter die Gürtellinie gehen – das gehört beim schwulen Entertainment dazu. Für die schwule Szene Kölns ist die Röschensitzung sowieso Pflichtprogramm, aber auch »Heten« können eine Menge Spaß haben, wenn sie etwas Toleranz mitbringen. Trotz des etwas abgelegenen Veranstaltungsortes auf der Schäl Sick ist die Sitzung sehr beliebt, daher sollte man auch hier rechtzeitig Karten vorbestellen und mit größeren Gruppen schon eine Weile vor dem Einlasstermin da sein, um noch einen gemeinsamen Tisch zu bekommen.

Webseite: www.roeschensitzung.de

Schnittchensitzung

Nachdem die Röschensitzung inzwischen hauptsächlich von Schwulen dominiert wird, haben lesbische Frauen vor einigen Jahren eine rein lesbische Karnevalssitzung ins Leben gerufen: die Schnittchensitzung. Nicht so bekannt wie ihr schwules Gegenstück, aber ebenso unterhaltsam und mit einer treuen Fangemeinde. Im Saal sitzen hauptsächlich Frauen, aber auch als toleranter Mann ist man gern gesehen. Wer sich Karten sichern will: Der Vorverkauf startet im November.

Webseite: www.dieschnittchensitzung.de

Deine Sitzung

Seit 2004 existiert diese alternative Klettenberger Karnevalssitzung – ohne Elferrat, aber mit drei Präsidenten und schrägen Gaststars aus der alternativen Karnevals- und Kabarettszene. Die Sitzungsband »Orchester der Liebe« untermalt inzwischen auch die »Loss mer singe«-Sitzung und das »Jeckespill« mit ihrem kuriosen Soundmix aus Karneval und Jazz, Schlager und Wahnsinn. Ein bisschen wirkt »Deine Sitzung« wie ein Versuch, das kreativ-alberne Chaos des schwulen Karnevals auch in den bis dahin politisch-kabarettistisch dominierten alternativen Sitzungskarneval zu bringen.

Webseite: www.deine-sitzung.de

»Loss mer singe«-Sitzung

Bedingt durch den rasanten Erfolg der »Loss mer singe«-Kneipen-Veranstaltungen, entwickelte sich auch die seit einigen Jahren statt-findende Sitzung in atemberaubenden Tempo zu einem der be-gehrtesten Karnevalsevents: Im Jahr 2010 waren die rund 1.000 Karten für den einen Sitzungstermin innerhalb von sechs Minuten ausverkauft. Wenn Sie es wider Erwarten geschafft haben sollten, eine Karte zu erstehen, können Sie sich auf Live-Auftritte bekann-ter und unbekannter guter Karnevalsbands freuen.

Webseite: www.lossmersinge.de

Jeckespill – De Weetschaftssitzung

Das Jeckespill ist eine Art wandernde Kneipensitzung, die im Jahr 2010 zum ersten Mal veranstaltet wurde. Es findet mehrmals pro Session statt, aber an jedem Abend in einem anderen Saal. Ge-meinsam ist allen Spielorten, dass sie deutlich intimer sind als die großen Sitzungssäle: Statt über 1.000 Zuschauern sind um die 200 das Maximum. Organisiert von dem Journalisten und »Loss mer singe«-Veteranen Helmut Frangenberg setzt Jeckespill eher auf die leisen Töne im alternativen Karneval: Hier ist einer der wenigen Orte, wo man noch kölsche Krätzje hören kann, und statt der gro-ßen Bands und Redner, die durch alle Sitzungssäle touren, treten al-ternative Nachwuchskünstler auf. Die Redebeiträge sind auf Hoch-deutsch mit leichten kölschen Einschlägen. Das Musikprogramm setzt allerdings sehr stark auf kölsche Lieder, was trotz Textheft zu Verständnisproblemen bei Imis führen kann, denn eine hochdeut-sche Übersetzung gibt es nicht. Für Imis und Sitzungskarnevals-Einsteiger daher nur bedingt empfehlenswert. Wer allerdings eine Ahnung davon haben möchte, wie Karnevalssitzungen sich ange-fühlt haben müssen, als der organisierte Frohsinn noch kein Big Business war, ist hier an der richtigen Adresse.

Webseite: www.jeckespill.de

Immisitzung

Auch die Immisitzung fand im Jahr 2010 das erste Mal statt. Regisseurin Selda Akhan, ehemalige Stunksitzungsmitarbeiterin und als türkischstämmige Südstädterin selbst kölscher Imi, setzt auf das Stunksitzungsprinzip: kabarettistische Nummern, die von einem festen Ensemble dargeboten werden. Dem Namen gemäß ist natürlich keiner dieser Akteure ein typisch Kölscher. Die Sitzungspräsidentin ist zwar gebürtige Kölnerin und beherrscht Brauchtum und Dialekt perfekt, doch ihre dunkle Hautfarbe verrät die Kameruner Vorfahren. Der Rest des Ensembles ist eine internationale Mischung – ob Deutscher, Amerikaner oder Brasilianerin – einzige Gemeinsamkeit: Keiner ist aus Köln. Das Ergebnis ist sehr unterhaltsam und teils deutlich pointierter als die Nummern der Stunksitzung, wobei eine Menge Humor (teils auch angenehm politisch unkorrekt) eben aus dem Imi-Dasein der Akteure gewonnen wird. Im ersten Jahr waren noch nicht alle Vorstellungen komplett ausverkauft, aber da das Medienecho sehr positiv ausfiel, könnte sich das ändern: lieber vorbestellen.

Webseite: www.imisitzung.de

Zum Schluss noch ein Veranstaltungstipp außer Konkurrenz, der zwar nicht kölsch ist (immerhin findet die Sitzung in Jülich statt) und für die meisten Leser auch eher abschreckend sein dürfte. Das Ganze ist aber zu merkwürdig, um es hier nicht mit aufzunehmen:

Trunksitzung

Dieses Jülicher Kuriosum, das jedes Jahr am Karnevalssamstag stattfindet, ist mehr Punk-Konzert als Karnevalssitzung. Veranstaltet wird das Ganze seit 1986 von der linksalternativen »Café Cholera Karnevalsgesellschaft« – benannt nach dem Jugendtreff, in dem die erste Trunksitzung veranstaltet wurde. Auch mehr als 20 Jahre nach der Gründung macht die Trunksitzung ihrem Namen alle Ehre: Bier und Pogo statt Weinzwang und Schunkeln. Nur für diejenigen zu empfehlen, die sich auch in der ersten Reihe eines »Tote Hosen«-Konzerts wohlfühlen würden.

Webseite: www.cckg.de.vu

Kumm loss mer fiere –
Bälle und Partys
als Alternative zum
Kneipenkarneval

Ich kenn en paar Schüss, die han jenau wie mer
Bock op en Party, sag dat jeit doch hier
Brings, »Superjeilezick«

(Ich kenn ein paar Bräute, die haben genau wie wir
Bock auf ne Party, sag mal, das geht doch hier.)

Vielleicht geht es Ihnen wie den meisten Imis, und Sie können mit Straßen- oder Sitzungskarneval gar nichts anfangen. Dumm nur, wenn Sie dann auch keinen Drang verspüren, sich in überfüllte und verschwitzte Kneipen zu drängen, aber
trotzdem gern Karneval feiern möchten. In diesem Fall sind vielleicht Bälle oder Karnevalspartys das Richtige für Sie.

Was ist der Unterschied zwischen Ball und Party? Etwas vereinfacht gesprochen, ist ein Ball eine aufwendige Kostümparty: Oft
gibt es ein Büfett, das allerdings eventuell extra bezahlt werden muss
und fast so teuer ist wie die Ballkarte. Bei einigen Bällen herrscht
auch bis gegen Mitternacht Weinzwang. Dafür können Sie sich
aber sicher sein, dass bekannte Karnevalskünstler live auftreten. Bei
großen Bällen wie dem Medizinerball haben Sie sogar fast schon
ein Sitzungsprogramm. Dazwischen und danach spielen aber auch
DJs Karnevals- und sonstige Musik. Das Ballpublikum ist in der
Regel etwas älter als das auf Partys. Bälle haben aber meist mehr als

einen Saal, sodass verschiedene Musikgeschmäcker befriedigt werden können.

Sie sollten sich allerdings rechtzeitig um Karten bemühen – nicht jeder Ball ist ausverkauft, es kann aber passieren. Ballkarten sind meist direkt über die Veranstalter zu bekommen, teilweise kriegen Sie sie auch an den KölnTicket-Schaltern. Preislich liegen die Karten in ähnlichen Regionen wie Sitzungskarten: Es geht bei circa 25 Euro los, teure Veranstaltungen können aber auch fast das Doppelte kosten – und das noch ohne Büfett-Karte.

Hinter dem Begriff »Karnevalsparty« können sich hingegen ganz verschiedene Sachen verbergen – allen gemeinsam ist eigentlich nur, dass es laute Musik gibt, zu der kostümierte Menschen tanzen. Aber ansonsten ist alles möglich: Es gibt Karnevalspartys, die fast völlig ohne Karnevalsmusik auskommen und auf elektronische Klänge, House oder sonst etwas setzen. Bei denen, die kölsche Musik im Angebot haben, kommt diese mal komplett aus der Konserve, mal tauchen auch bekannte Bands auf, oder es geht komplett exzentrisch zu – kurz: Allgemeine Worte zu finden, die auf alle Partys passen, ist fast unmöglich.

Eine rein praktische Gemeinsamkeit haben all diese Veranstaltungen aber auch noch: Sie müssen sich selbst mit größeren Gruppen keine Sorgen machen, reinzukommen, denn Sie haben ja schon Karten. Gerade bei beliebten Partys kann der Einlass aber schon mal etwas dauern, ganz ums Schlangestehen kommen Sie also nicht unbedingt herum.

Es ist unmöglich, all die Kostümbälle und Partys aufzuzählen, die um die tollen Tage herum in Köln stattfinden. Am besten werfen Sie für die Bälle einen Blick auf die Webseiten des Festkomitees und der Karnevalsgesellschaften. Dort finden Sie in der Regel Veranstaltungskalender, und oft können Sie sogar direkt Karten vorbestellen. Für Partys schauen Sie in die StadtRevue sowie auf einschlägige Webseiten für Ihre bevorzugte Musikrichtung und die diversen Plakate, die ab Januar vermehrt in und um alle Kneipen auftauchen.

Besonders hervorheben möchte ich allerdings ein paar alternative Veranstaltungen, die sich etabliert haben:

Die »Humba Party« am Karnevalsfreitag im Gloria wurde schon in den frühen 1990er Jahren ins Leben gerufen. Hier spielen Live-Bands eine wilde Mischung aus Weltmusik und Karnevalsliedern – mal absolut urkölsch, mal lateinamerikanisch oder einfach nur schräg. Längst schon eine Kultveranstaltung, es lohnt sich also, die Karten früh zu kaufen. Weitere Informationen gibt es unter www.humba.de.

Ein Ableger der Humba-Party findet seit einigen Jahren am Rosenmontag im Blue Shell nahe dem Barbarossaplatz statt: Er nennt sich »Future of Brauchtum«, und die Live-Bands hier setzen mehr auf das Konzept »Karneval meets Club-Sounds«. Nichts für die, die gern zu den Fööss schunkeln wollen, aber eine Alternative für alle, die sich nicht mit typischer Karnevalsmusik anfreunden können, aber trotzdem nicht dieselbe Musik hören wollen wie den Rest des Jahres. Auch hier gibt es einen Kartenvorverkauf über KölnTicket. Weitere Infos unter www.humba.de.

Für die »Loss mer singe«-Party am Karnevalsfreitag kann man Karten nur auf den Einsingveranstaltungen bekommen, die in den Wochen davor stattfinden. Wer die Gelegenheit hat, hinzugehen, sollte das ausnutzen – es gibt, wie von »Loss mer singe« gewohnt, nur gute kölsche Musik, und in der Regel treten auch einige Bands live auf.

Ich han de Musik bestellt –
Musik und Karneval

Sing, Kölsche Jung, sing!
Dat hätt Tradition he am Rhing.
De Räuber, »Sing, Kölsche Jung, sing!«

(Sing, kölscher Junge, sing!
Das hat Tradition hier am Rhein.)

»Karneval hängt für mich ganz stark mit der Musik zusammen.
Ohne diese Liederkultur, die da gemeinsam zelebriert wird, würde
mir das nicht ausreichen. Das ist mein persönlich sinnlichster
Moment.«
Georg Hinz, Erfinder von »Loss mer singe«

Musik zählt zu den Dingen im kölschen Karneval, die der Imi am ehesten definieren kann, oft ungefähr mit diesen Worten: »Der alberne Kram, der zwischen Weiberfastnacht und Aschermittwoch in allen Kneipen dudelt.« Tatsächlich ist das gemeinsame Grölen in der Zeit um Rosenmontag eine der verbreitetsten Kommunikationsformen. Wenn Sie zu Karneval in Alltagskleidung in eine überfüllte Kneipe kommen, aber sofort kräftig einstimmen und mitschunkeln, wird jeder davon ausgehen, dass sie ein echter Jeck sind, den nur unglückliche Umstände zwangen, ohne Kostüm auf die Piste zu gehen. Kommen Sie hingegen mit einer liebevollen Verkleidung, die Sie in stundenlanger Kleinarbeit zusammengefummelt haben, stehen aber bei den Liedern nur ratlos herum, sind Sie gnadenlos als Imi und Möchtegern-Jeck enttarnt.

Wie sollen Sie als völlig Ahnungsloser nun damit umgehen? Müssen Sie beim Mitfeiern das Hirn an der Tür abgeben oder in Alkohol ertränken, um Spaß zu haben? Und wie soll man überhaupt mitsingen, wenn man die verdammten Texte gar nicht kennt?

Die Verwirrung der Imis ist verständlich: Der Kölsche und seine Musik – das ist ein sehr sonderbarer Aspekt nicht nur des Karnevals, sondern der Kölner Kultur an sich. Es gibt in Deutschland schönere, ältere, größere und wichtigere Städte als Köln – aber es gibt wohl keine Stadt, deren Einwohner so viele Lieder gedichtet haben, in denen sie sich und anderen immer wieder versichern, in der schönsten Stadt der Welt zu leben.

Was noch merkwürdiger ist: Lange vor den Nazis und dem Zweiten Weltkrieg, als Köln noch voller historischer Bauten stand, textete Willi Ostermann – wohl auch der alten Stadtmauer hinterhertrauernd –»Och, wat war dat fröher schön he in Colonia«. Viele Jahrzehnte später, im modernen Köln, das gefühlt zu 90 Prozent aus Durchgangsstraßen und 1960er-Jahre-Betonbauten besteht, proklamierten die Höhner entschlossen, Köln sei »dat Hätz vun de Welt«, also das Herz der Welt.

Als Imi steht man meist ratlos davor und weiß es nicht recht einzuschätzen: Je hässlicher die Stadt, desto mehr wird sie von ihren Bewohnern gefeiert? Aber müsste dann nicht auch Hannover eine Karnevalsmetropole sein? Warum also dieses Aufheben um Köln? Ist die Stadt wirklich so wunderbar, und man hat es nur noch nicht mitbekommen? Oder ist sie so furchtbar, dass ihre Einwohner sich in eine kollektive Wirklichkeitsflucht verstiegen haben, um sich die Wahrheit nicht eingestehen zu müssen?

Die Wahrheit liegt irgendwo dazwischen: Köln ist schöner, als der Imi zunächst denken mag, aber lange nicht so schön, wie der Kölner es gern hätte. Gerade im Karneval ist für den Kölschen der Weg das Ziel: Wildfremde Menschen feiern ausgelassen zusammen, dass sie in einer Stadt leben, in der wildfremde Menschen ausgelassen zusammen feiern können. Masken und Karnevalsmusik sind dabei die großen Gleichmacher – für ein paar Tage hören alle dieselbe Musik und feiern gemeinsam. Wenn man das kapiert hat und mitmacht, fühlt es sich schön an; auf Außenstehende wirkt es eher befremdlich.

Die Musik, die beim Feiern gehört wird, ist im Übrigen längst ein Riesengeschäft: Wer es geschafft hat, sich in der Karnevalsmusikszene einen Namen zu machen, der kann davon sehr gut leben – muss allerdings auch entsprechenden Stress aushalten können: Je nach Sessionslänge und Beliebtheit der Band können allein in den Wochen zwischen Neujahr und Aschermittwoch bis zu 200 Auftritte auf Karnevalssitzungen und Ähnlichem anstehen! Und dazu kommt bei den bekannten Bands der Druck, jedes Jahr aufs Neue ein Sessionslied abzuliefern, das vom Publikum angenommen wird.

»Das ist genau das Gleiche wie bei anderen Plattenproduktionen auch. Da fragt die Plattenfirma immer: ›Was ist denn hier die Single?‹ Bei Karnevalsbands ist es dann halt der Sessionshit, den du landen willst. Wir machen ja nicht nur Karnevalslieder, aber das Tolle ist, dass wir durch die Auftritte im Karneval endlich als Musiker finanziell unabhängig geworden sind – und das ist schon ein gutes Gefühl, wenn du dir keine Sorgen mehr machen musst, wie du die Miete zusammenkriegst. Gerade mit über 30, wenn du Familie hast.«
Peter Brings, Frontmann der Gruppe »Brings«

Für Besserwisser:

Karnevalsmusik versus Mundartmusik

Kölsche Musik ist nicht automatisch Karnevalsmusik. Als Extrembeispiel taugt sicherlich BAP. Die Gruppe um Wolfgang Niedecken singt zwar auf Kölsch und oft genug über Köln, hat sich aber von Anfang an ausdrücklich von der Karnevalsmusikszene distanziert – es war kein Zufall, dass das erste Album »BAP rockt andere kölsche Leeder« genannt wurde. Doch auch die Musiker, die Karnevalsstücke im Repertoire haben, lassen sich nicht allesamt automatisch auf Trink- und Feierlieder reduzieren. Heimatlieder (im Sinne von: Lieder über die eigene Heimat, also über Stadt und Nachbarschaft) haben in Köln ganz unabhängig vom Karneval eine lange Tradition, der sich auch heute noch viele Musiker verbunden fühlen. Das schlägt sich dann oft in eher sentimentalen Stücken nieder, deren Texte im besten Fall – anders als die TV-bekannte »Volksmusik« – den Eindruck erwecken, dass sie tatsächlich aus Heimatverbundenheit und teils eigenem Erleben entstanden sind, statt nur altbekannte Phrasen aneinanderzureihen. (Diese Arte von Pseudo-Heimatmusik gibt es auf Kölsch natürlich auch, es fällt aber meist nicht besonders schwer, den Unterschied zu erkennen.) Gute Kneipen-DJs spielen zu Karneval immer mal wieder einige dieser ruhigen Stücke. Gutes Kneipenpublikum nutzt das dann nicht als Laberpause, sondern hört sanft schunkelnd zu, singt mit oder knutscht – je nach Uhrzeit, Textsicherheit und individuellen Vorlieben.

Karnevals-DJ – ein verantwortungsvoller Job.

Bevor wir tiefer in die Materie einsteigen, eine Warnung für Ihre eigene Karnevalskneipentour: Weil Musik so wichtig ist, kann sie auch schnell zum Streitpunkt werden. Je größer die Gruppe, mit der Sie unterwegs sind, um so schwieriger kann es sein, sich auf eine Kneipe mit akzeptablen Liedern zu einigen. Ein kleinster gemeinsamer Nenner (»Bitte keine Ballermann-Mucke«) lässt sich meist noch finden, aber über alles Weitere können die Meinungen weit auseinandergehen: Der eine will zwischen Karnevalsliedern auch mal aktuelle oder etwas ältere Hits hören, der andere hofft auf Schlager oder Samba-Klänge, ein Dritter kriegt die Krise, wenn auch nur einmal ein hochdeutsches Lied läuft. Die beste Abhilfe: Mehr Toleranz auf allen Seiten. Jemand ist kein schlechter Mensch, nur weil er Spaß daran hat, »Du hast die Haare schön« mitzusingen. Eine Samba-Einlage zur rechten Zeit kann Spaß machen, und auch als überzeugter Aprés-Ski-Fan sollte man eine Kneipe nicht gleich verdammen, nur weil die Leute sich nicht sinnlos besaufen und anspruchsvollere kölsche Lieder statt DJ Ötzi und Co laufen.

Und da war wieder so eine Formulierung, die viele Imis stutzen lässt: »anspruchsvollere kölsche Lieder«. Gibt es die wirklich? Ob Sie es glauben oder nicht: Die Antwort ist ja. Selbst wenn auf den ersten Blick alles dagegen sprechen mag.

Falls Sie allerdings lieber mit hirnloser Musik zugedröhnt werden wollen, haben Sie in Köln – wie auch anderswo – ganzjährig eine ordentliche Kneipenauswahl, und Karneval erst recht. Zum Glück ist aber auch das Angebot an Karnevalskneipen mit »guter« Musik in den letzten Jahren sehr gewachsen, denn ungefähr seit der Jahrtausendwende hat sich ein neues Qualitätsbewusstsein im Kneipenkarneval durchgesetzt. Viele Leute haben gemerkt, dass Karnevalsspaß nicht unbedingt auf niedrigstem intellektuellem Niveau stattfinden muss. So hat sich mancherorts ein fast schon elitäres Publikum herausgebildet, das sehr hohe Ansprüche an die gespielte Musik stellt und alles, was nicht den eigenen Qualitätsanforderungen genügt, gnadenlos abstraft.

Damit Sie als Leser meine Tipps einschätzen können, oute ich mich an dieser Stelle einmal als Sympathisant dieser Fraktion – ich mag kein kompletter Musiksnob sein, aber ein Karnevalsabend ohne Zotenlieder und Ballerman-Beats ist für mich durchaus erstrebenswert.

Woran erkennt der kritische Jeck nun ein gutes Karnevalslied? Überraschenderweise nicht in erster Linie an der Musik. In den frühen Jahren des Sitzungskarnevals wurden häufig immer wieder dieselben Melodien genutzt, die der ganze Saal schon kannte, nur die Texte wurden aktualisiert. In Zeiten von GEMA, Urheberrechtsschutz und dem Schielen auf Plattenverkäufe bemühen sich die meisten Gruppen schon um etwas mehr musikalische Originalität, teils auch, indem ausländische Volkslieder übernommen werden. (Die offizielle FC-Köln-Hymne der Höhner etwa besang ursprünglich einen schottischen See – und wenn man sich ansieht, wie oft die Mannschaft auf dem Platz absäuft, ist das eine ziemlich gute Wahl.) Ebenfalls beliebt ist es, etwas aus der Mode gekommene Musikstile wie Charleston oder Rockabilly im Karneval für die Masse neu zu beleben – manchmal als Coverversion, oft aber nur als stilistische Inspiration.

Insgesamt gilt: Bei einem guten Lied sollten Melodie und Arrangement zwar nicht zu banal sein, aber seien wir mal ehrlich: Wer sichergehen will, dass der Refrain den Zuhörern schon nach einmal Hören im Ohr bleibt, wird – Stil hin, Genre her – immer wieder bei bekannten musikalischen Phrasen landen. So groß sind die musikalischen Unterschiede zwischen Karnevalslied, Kinderlied und Schlager also nicht. Wir reden schließlich nicht von Hochkultur.

Karnevalsbands sind in der Regel bestenfalls eher talentierte Handwerker statt exaltierter Künstler, und Musik und Texte werden nicht für Feuilleton-Redakteure geschrieben, sondern für ein oft angetrunkenes Kneipen- und Sitzungspublikum. Legen Sie die Messlatte also nicht bei Mozart und Goethe an – so hoch zielt im Karneval keiner. Vergleiche mit Udo Jürgens oder Heinz Erhardt sind hilfreicher, um sich klarzumachen, dass Karnevalsmusik mehr sein kann als der gesungene Herrenwitz – auch wenn es leider genügend Lieder gibt, denen das nicht gelingt.

Für Besserwisser:

Kunst im Karneval

Dass es gar nicht so einfach ist, ein gutes Karnevalslied zu komponieren, mussten in der Session 2009/10 auch die Kölner Kulturschaffenden lernen: Aus Protest gegen die teilweise absurde Kulturpolitik der Stadt wurde ein Karnevalslied geschrieben: »Ihr seid Künstler und wir nicht«. Gut gemeint, aber leider nicht gut gemacht. Um es mal im Musikkritiker-Deutsch zu formulieren: Der langsame Schunkelteil des Liedes irritiert durch einen mitsingunfreundlichen Aufbau mit verkopften Rhythmuswechseln, der rockige Refrain klingt dafür dann mehr nach aggressiven Fußballfans als nach Karneval. Schade drum – irgendwo zwischen den beiden Extremen wäre es gewesen. So wird das Lied wohl kein Klassiker werden. Zum Glück wurde eines der wichtigsten Ziele der Proteste – das Schauspielhaus zu sanieren, statt es abzureißen – trotz allem erreicht.

Wenn vorhin gesagt wurde, dass der Text das Wichtigste ist – was macht ihn gut? Zur Grobeinteilung wird häufig auf den Dialekt verwiesen, in dem gesungen wird: Kölsch = Karnevalslied, Hochdeutsch = Stimmungsmusik. Das ist nicht ganz falsch, greift aber zu kurz, wenn es um Qualität geht. Denn auch bei kölschen Liedern gibt es immer mal wieder Rohrkrepierer, die sich im Aneinanderreihen tausendmal gehörter Karnevalsphrasen verlieren. Umgekehrt enthält mancher auch von Puristen begeistert aufgenommene Titel trotz kölscher Interpreten nur wenige oder gar keine Dialektworte, so etwa Brings' Cover-Version des alten Schlagers »Man müsste noch mal zwanzig sein«. Hochdeutsche Texte haben für Imis natürlich den Vorteil, das man sie leichter versteht – aber dafür bietet der Dialekt mehr Möglichkeiten, mit der Sprache zu spielen, die von guten Textern auch ausgenutzt werden.

Thematisch steht Textern dabei ein weites Feld offen. Theoretisch lassen sich Karnevalslieder über alles Mögliche schreiben: Die Bläck Fööss etwa haben in ihrem Repertoire Lieder über Hausmeister (»Huusmeister Kaczmarek«), Personalabbau im öffentlichen Nahverkehr (»Die 3 vun d'r Linie 2«), erste Knutscherfahrungen (»Wenn et Leech usjing em Roxy«) und sogar einen Titel, der hauptsächlich daraus besteht, dass rechtsrheinische Stadtteile aufgezählt werden

(»Schäl Sick«). Doch Sie werden schnell feststellen, dass es ein paar Top-Themen gibt:

1.) Der Kölner feiert gern sich, seine Stadt und alles, was dazugehört – schon allein, weil das so schön Gelegenheit zum Mitgrölen und Auf-den-Tischen-Tanzen gibt.

2.) Der Kölner denkt gern sentimental an die »gute alte Zeit« zurück. Sei es die Vergangenheit seiner Stadt (die per Definition immer schöner war als die Gegenwart) oder die eigene Jugend (für die sowieso dasselbe gilt). Musikalisch wird es dabei gern ruhig, und man wechselt nach Moll. Langsames Schunkeln und Klammerblues sind erlaubt.

3.) Der Kölner singt gern von Liebe und Affären – solchen mit Happy End ebenso wie solchen, die tragisch ausgingen. Gern auch im schunkelfreundlichen Walzertakt.

4.) Der Kölner singt gern von Geschichten und Figuren, die er als typisch kölsch empfindet – egal, ob wahr oder erfunden. Das kann fröhlich-ironisch daherkommen oder mit der Sentimentalität aus 2.) kombiniert werden.

Aus diesen vier Gebieten, die sich fast beliebig kombinieren lassen, schöpfen die meisten Karnevalslieder ihre Inspiration. Sie werden vielleicht gemerkt haben, dass ich »Alkohol« nicht mit aufgeführt habe – und tatsächlich sind reine Trinklieder im Kölschen eher

Für Besserwisser:

Wer schreibt all die Lieder?

Ähnlich wie Karnevalsbands nicht jede Melodie komponieren, schreiben sie auch nicht jeden Text selbst. Manche Musiker kaufen alles ein und sehen sich nur als Interpreten, die meisten aber schreiben einiges ganz allein und holen sich für anderes Unterstützung von außen. Das kann in der Form passieren, dass ein fertiges Lied eines eher unbekannten Künstlers von einer etablierten Gruppe ins Programm genommen und so bekannt gemacht wird, oder es kann eine echte Auftragsarbeit sein, bei der ein etablierter Texter und/oder Komponist ein Lied für eine Gruppe schreibt. Einer der aktuell umtriebigsten Männer in diesem Bereich ist Hans Knipp, der seit den 1960er Jahren über 700 Lieder für so ziemlich alle Karnevalsgrößen verfasst hat, von denen viele zu Klassikern wurden.

selten. Auch in »Drink doch ene met« geht es zum Beispiel nicht in erster Linie ums Trinken, sondern um die kölsche Entschlossenheit, Fremde am eigenen Frohsinn teilhaben zu lassen. Bemerkenswerterweise gelingt es guten Textern immer wieder, zu den ewig gleichen Themen frische und originelle Texte zu schreiben.

Als simple Faustregel für einen gelungenen Text gilt dabei: Es sollte Ihnen auch nüchtern nicht strunzpeinlich sein, ihn mitzusingen. Wenn Ihnen also in der Kneipe ein Lied beim besten Willen zu dämlich ist, liegt das mit großer Wahrscheinlichkeit weder an Ihnen noch am Kölner Karneval, sondern daran, dass Sie gerade im falschen Lokal sind. Wo Sie bessere finden, verrät Ihnen das Kapitel über die Kneipensuche. Vergleichen Sie unter diesem Gesichtspunkt einmal folgende Textstellen:

Wat och passeet, dat eine es doch klor:
Et Schönste, wat m'r han schon all die lange Johr,
es unser Veedel,
denn he hält m'r zosamme, ejal, wat och passeet.
En uns'rem Veedel.

(Was auch passiert, das eine ist doch klar,
das Schönste, was wir haben, schon all die langen Jahre,
ist unser Veedel,
denn hier hält man zusammen, egal, was auch passiert.
In unserm Veedel.)
Bläck Fööss, »En unserm Veedel«

Ne Pizza Hut, ne Pizza Hut, Kentucky Fried Chicken und ne Pizza Hut
McDonald's, McDonald's, Kentucky Fried Chicken und ne Pizza Hut
Rabaue, »Pizza Hut«

Es ist ja ganz gleich, wen wir lieben,
und wer uns das Herz einmal bricht.
Wir werden vom Schicksal getrieben,
und das Ende ist immer Verzicht.
Brings (ursprünglich Zarah Leander), »Nur nicht aus Liebe weinen«

Ich hab ne Zwiebel auf dem Kopf, ich bin ein Döner,
denn Döner macht schöner.
Tim Toupet, »Ich bin ein Döner«

Noch Fragen?

Als Imi haben Sie freilich erst einmal ein großes Problem: Egal, wie toll die Texte sein mögen, Sie kennen sie nicht und können deshalb auch nicht mitsingen. Daher möchte ich Ihnen an dieser Stelle ein Geheimnis verraten: Den Leuten um Sie herum geht es oft nicht anders!

Gut, das stimmt nur halb: Der Durchschnittskneipenjeck ist sehr textsicher, was die Refrains der populären Karnevalslieder angeht, aber bei den Strophen wird es ganz schnell ganz dünn. Das ist im Übrigen schade, denn gerade in den Strophen verstecken sich oft subtiler Sprachwitz, pointierte Alltagsbeobachtungen oder unerwartet originelle kölsche Formulierungen. Die Refrains hingegen sind meist auf Eingängigkeit getrimmt, damit jeder sie nach zweimal Hören mitsingen kann; schließlich kommen jedes Jahr viele neue Karnevalslieder auf den Markt, die weder Kölsche noch Imis jemals vorher gehört haben. Damit das singfreudige Publikum auf seine Kosten kommt, darf das Lied nicht zu schwierig sein. So haben Sie aber auch die Lösung für Ihr Textproblem: Einfach mal hinhören und Ihr Bestes geben, dann kommt die Textsicherheit von ganz allein.

Es kann allerdings auch nicht schaden, mehr als nur einmal hinzuhören. Gerade Imis haben gern Probleme, den kölschen Dialekt auf Anhieb korrekt zu entschlüsseln. Die halb kölsche Höhner-Textzeile »Die Karawane zieht weiter, der Sultan hät Doosch« – also: »der Sultan hat Durst« – mutierte schon unzählige Male in Imi-Kehlen. Mal hielt der Sultan plötzlich durch, mal blieb er da, und einmal grölte ein Kneipengast neben mir begeistert: »Der Sultan ist tot!« Im Zweifel also immer auch einmal auf das hören, was die Umstehenden gerade von sich geben – die kennen entweder den Text besser als Sie oder sorgen für überraschende Unterhaltung.

»Das Wichtigste, was man als Karnevals-Neuling machen sollte: Lieder lernen. Ich glaube, dass viel erster Zugang über die Musik passieren kann, weil in vielen Liedern auch die Werte vermittelt werden, die man dann in anderer Form im Karneval wiederfindet.«
Georg Hinz, Erfinder von »Loss mer singe«

In den letzten Jahren ist die allgemeine Textsicherheit in den Kneipen erheblich gestiegen. Grund dafür ist eine Idee, die der Domradio-Musikredakteur Georg Hinz – übrigens ebenfalls ein Imi – vor einigen Jahren mit Freunden am Küchentisch hatte: Warum sollte man nicht schon vor der Session die neuen Lieder gemeinsam hören, damit man hinterher in der Kneipe besser mitsingen kann? Aus diesem Gedanken entwickelte sich innerhalb weniger Jahre die Bewegung »Loss mer singe«, die inzwischen neben den äußerst erfolgreichen Kneipen-Karnevals-Einsingabenden und einer Karnevals-

Typische Auslastung einer Kneipe bei »Loss mer singe«.

Für Besserwisser:

Krätzje, Couplets und Co

Neben der Karnevals- und Stimmungsmusik, die in den Kneipen rauf und runter gespielt wird, gibt es auch noch Genres, die man als Nicht-Sitzungsbesucher höchstens einmal zufällig bei TV-Aufzeichnungen aus den Sitzungssälen sieht: Krätzje, zum Beispiel. Krätzje sind humoristische Bänkelsängerballaden, meist in einem näselnden kölschen Sprechgesang vorgetragen und nur sehr sparsam instrumentiert. Sie sind nicht zum Mitsingen oder Schunkeln, sondern zum aufmerksamen Zuhören gemacht – eine Art musikalischer Büttenrede, deren spärliche, immer ähnliche Melodie diesen Namen kaum verdient. Gut vorgetragene Krätzje können besonders live eine Menge Spaß machen, leider hat aber das heutige Sitzungspublikum oft weder die Geduld noch die Sprachkenntnisse, um den Liedern zu folgen. Teilweise werden Krätzje auf Hochdeutsch vorgetragen, was ihnen aber eine Menge Charme raubt. Auf den derzeit beliebt werdenden nostalgischen Sitzungen (etwa dem Jeckespill) treten oft kölsche Krätzjesänger auf – rechnen Sie als Imi aber damit, dass Sie fast kein Wort vom Vortrag verstehen werden.

Couplets sind den Krätzje stilistisch sehr nahe, setzen aber auf einen markanten, melodischen Refrain, der vom Publikum mitgesungen werden kann. Auch sie eignen sich wegen ihrer oft ruhigen Strophen aber eher für ein aufmerksames Sitzungspublikum als für eine ausgelassene, schunkelwütige Kneipe.

party auch eine eigene Sitzung sowie eine ganzjährige Konzertreihe veranstaltet. Wenn Sie zwischen Januar und Weiberfastnacht in Köln sind, gibt es kaum eine bessere Gelegenheit, sich mit kölscher Musik vertraut zu machen, als eine der kostenlosen »Loss mer singe«-Veranstaltungen zu besuchen, die in dieser Zeit so gut wie jeden Abend in einer anderen Kneipe stattfinden. Aber Achtung: Die Einsingabende sind äußerst beliebt. Wenn Sie sichergehen wollen, dass Sie noch hineinkommen, empfiehlt es sich, schon mindestens eine Stunde vor der Einlasszeit vor der Kneipe zu sein, sonst kann es passieren, dass Sie nach langem Schlangestehen doch draußen bleiben müssen.

Die wichtigsten Karnevalsbands

Köln hat eine Vielzahl von Karnevalsmusikern. Jedes Jahr gründen sich neue Bands, andere trennen sich wieder, nur damit ihre Mitglieder dann neuen Formationen beitreten können. Besonders durch »Loss mer singe« haben in den letzten Jahren einige dieser kleineren Gruppen mehr Aufmerksamkeit bekommen als früher – dennoch wird die kölsche Musikszene klar von einer Handvoll großer Namen dominiert. Hier also Informationen zu ein paar Künstlern, an deren Liedern kein Jeck im Karneval vorbeikommt:

Bläck Fööss

Die Bläck Fööss (oder wie der Kölner sie kurz nennt: De Fööss) sind für den kölschen Karneval das, was die Beatles für die Popmusik sind: unantastbare Autoritäten, oder wie Peter Brings es formuliert: »Die gehören zu der Stadt dazu – so wie der Dom.« Selbst BAP-Frontmann Wolfgang Niedecken, der für die meisten seiner im Karnevalsgeschäft tätigen Kollegen keine sehr schmeichelhaften Worte findet, hat mehrfach seine Hochachtung vor den Fööss geäußert.

Als die Band Anfang der 1970er Jahre das erste Mal auf die Sitzungsbühnen kam, war sie eine Revolution im Kölner Karneval: Nicht so sehr, weil die Musiker barfuß spielten (daher der Name – »bläcke Fööss« sind auf Kölsch nackte Füße), sondern weil sie es wagten, E-Gitarre und Verstärker in die Sitzungssäle zu bringen. Damals ein Unding – schließlich war der organisierte Karneval bis zu diesem Zeitpunkt stramm dem Kölschen Grundgesetz gefolgt: »Dat hammer immer esu jemaat.« Dementsprechend waren Rock 'n' Roll, Beat und ähnliche Musikströmungen geflissentlich ignoriert worden – Klavier, Akkordeon, Ukulele und Co hatten früher ausgereicht, warum sollte das plötzlich anders sein? Der erste Fööss-Auftritt war für gestandene Kölner Sitzungskarnevalisten ebenso kontrovers, wie es einige Jahre zuvor Bob Dylans erster E-Gitarren-Auftritt für US-Folk-Fans war. (Ja, für Imis wirkt dieser Vergleich absurd – schließlich liegen musikalisch und kulturell Welten zwischen einer Kölner Karnevalsband und einer Ikone wie

Bob Dylan. Vergessen Sie aber nie, dass für den Kölner seine eigene Stadt prinzipiell mindestens genauso bedeutend ist wie der gesamte Rest der Welt zusammengenommen. Gleiches gilt daher auch für ihre kulturellen Erzeugnisse – und schon können Fööss, Brings und Höhner spielend mit Dylan, McCartney und Jagger mithalten.)

Die Fööss selbst waren anfangs keineswegs von ihrem Erfolg überzeugt: Eigentlich spielten sie als »Stowaways« englische Beat-Songs (teils selbst geschrieben, teils von den »Großen« gecovert) und träumten vom internationalen Durchbruch. Für ihre Karnevalsauftritte, die das Leben bis zum Weltruhm finanzieren sollten, legten sie sich den Namen »Bläck Fööss« zu, um das Beat-Band-Image nicht durch Mundartmusik zu ruinieren. Kurioserweise hielt sie das nicht davon ab, als Stowaways den Titelsong der Zeichentrickserie »Wickie und die starken Männer« einzuspielen – Kinderfernsehen war offenbar weniger ehrenrühig als Karneval.

Es kam anders: Die Fööss hatten mit ihrer modernen kölschen Musik einen so großen Erfolg, dass die Pläne für eine Weltkarriere mit den Stowaways schnell vergessen waren. Und nachdem das Eis einmal gebrochen war, bildeten sich weitere junge kölsche Bands, die die lokale Musikszene über Jahrzehnte hinweg dominieren sollten.

1994 fürchteten viele Kölner, das Ende der Fööss sei gekommen (und viele Imis fragten sich, was die Aufregung um eine Karnevalsband sollte): Frontmann Tommy Engel verließ die Gruppe. Doch auch mit dem neuen Mitglied Kafi Biermann sank die Qualität der Fööss-Songs zum Glück nicht. Bis heute gilt die Band als das Vorzeigeobjekt der Kölner Karnevalsmusik – sozusagen die kölschen Beatles: Wann immer Kölner einem Imi beweisen wollen, dass kölsche Musik eine Daseinsberechtigung jenseits von Ballermann und volkstümlicher Hitparade hat, werden sie als Paradebeispiel genannt. Und nicht zu Unrecht – neben Stimmungshits finden sich im Repertoire der Fööss viele langsame und nachdenkliche Stücke, und auch in den üblichen Partyliedern finden sich bei näherem Hinhören Wortwitz, Hintersinn und liebevolles Spiel mit der kölschen Sprache.

Für Besserwisser:

Warum man den Dom in Köln lassen sollte

Ja, auch »Mer losse den Dom in Kölle« ist nicht nur gaga. Das Lied stammt aus einer Zeit, in der ganze Innenstädte unter dem Leitsatz »autogerechte Stadt« umgekrempelt wurden. Köln verdankt diesem Dogma so wunderbare Sehenswürdigkeiten wie die Nord-Süd-Fahrt oder den bis zum Gehtnichtmehr zuasphaltierten Barbarossaplatz. Selbst die Idee, den beliebten, von Adenauer angelegten Grüngürtel durch eine Stadtautobahn zu versiegeln, scheiterte nur knapp. Es gibt nahe Nippes eine Handvoll Eisenbahnbrücken, unter denen als Vorleistung schon extra Platz für die Fahrbahnen gelassen wurde. Als Reaktion auf all diesen Umbauwahn texteten die Fööss eben: »Jetzt frag ich euch, wem damit jeholfe is, / wat nütz die janze Stadtsanierung schon? / Da sull doch levver allet blieve wie et es / un mir behalte unsre schöne Dom.« Etwas später inspirierte dieselbe Neubaumentalität die Fööss übrigens auch noch zum sentimental-schönen und ganz und gar nicht karnevalistischen »Südstadt-Leed«. Zugegeben, beißende Sozialkritik mag anders aussehen, aber mehr Hirn als »Trink, Brüderlein, trink« hat es allemal – und nebenbei noch den Effekt, dass Sie in einem Karnevalsbuch plötzlich etwas über kölsche Stadtgeschichte lernen.

Insbesondere das Kölsch der älteren Fööss-Lieder ist allerdings für Imis kaum verständlich – freundlicherweise bietet die Band auf ihrer Webseite einige der populärsten Texte zum Lesen an – und mit etwas Sprachgefühl und Suchmaschine hat man dann auch als Nichtrheinländer eine Chance, das Gesungene zu verstehen.

Spickzettel Bläck Fööss

Woran erkennt man die Lieder? Sie sind vergleichsweise komplex, oft etwas ruhiger und meist mit relativ zurückgenommenem E-Gitarren-Einsatz. Viele der Texte erzählen kleine Geschichten.
Kult-Hits: Unzählige, zum Beispiel »Kaffeebud«, »Drink doch ene met«, »Dat Wasser vun Kölle« und viele mehr.
Geheimtipps: »Zesammestonn«, »Leever Jott jevv uns Zick«, »Edelweißpirate«.
Webseite: www.blaeckfoeoess.de

Höhner

Nachdem E-Gitarre und Co einmal Einzug in die Sitzungssäle gehalten hatten, verbreiteten sie sich schnell: Nur zwei Jahre nach den Fööss erschienen die Höhner auf der Bildfläche. Damals hießen sie noch »Ne Höhnerhoff« (»Ein Hühnerhof«) und trugen Hühnerkostüme, die bei jedem Auftritt kräftig Federn ließen und die Sitzungssäle einsauten. Wie die Fööss wurde die Band zu einer festen Größe im Karneval – allerdings schon bald ohne die Hühnerkostüme.

Spickzettel Höhner

Woran erkennt man die Lieder? Markenzeichen ist der rau-joviale Gesang Henning Krautmachers, oft eher rheinisch-hochdeutsch als wirklich kölsch.
Kult-Hits: »Viva Colonia«, »Hey Kölle, do bes e Jeföhl!«, »Echte Fründe«, und viele andere.
Geheimtipps: »Levve un levve losse«, »Wann jeiht dr Himmel widder op«, »Paranormal«.
Webseite: www.hoehner.com

Die Höhner versuchten früher als die Fööss, Publikum außerhalb von Köln anzusprechen. Viele ihrer Lieder sind auf Hochdeutsch verfasst, und einige der jüngeren Titel klingen eher nach Schlager oder Schlagerrock. Wohl auch dadurch sind sie inzwischen die wohl überregional bekannteste Kölner Band und haben kräftig dazu beigetragen, dass der Imi bei kölscher Musik an Partylieder à la »Viva Colonia« oder »Die Karawane zieht weiter« denkt. Doch fast alle Texte glänzen durch feine Alltagsbeobachtungen und pointierte Formulierungen. Einer Handvoll arg auf Kommerz getrimmter Stücke (etwa »Dä Kölsche Pass« oder der Bahn-Werbesong »Üverall op d'r Welt jitt et Kölsche«) stehen eine Unmenge mit Recht zum Klassiker gewordene Titel gegenüber (darunter auch eine umgekehrt proportional zur Mannschaftsleistung wachsende Anzahl an FC-Köln-Liedern), die die Band um Frontmann Henning Krautmacher auch gegen Ende der Session live noch mit einer wahnsinnigen Energie vorträgt.

Paveier

Eigentlich sind die Paveier ganz oben mit dabei. Sie sind allesamt Vollprofis, seit fast dreißig Jahren aktiv, während der Session ständig ausgebucht und auch den Rest des Jahres über auf Tour. Daneben betreiben zwei ihrer Mitglieder noch ein eigenes Plattenlabel, das unter anderem auch De Räuber und die Bläck Fööss unter Vertrag hat, und sie haben eine Reihe Lieder aufgenommen, die zu Karneval überall rauf und runter gespielt werden. Kurz: Die Paveier sind eine wirklich wichtige Größe im Kölner Karneval. Trotzdem sind sie als Band unter Imis längst nicht so bekannt wie etwa die Fööss oder die Höhner. Das mag am etwas unhandlichen Namen liegen, der übrigens auf dem »ei« betont wird und ein aus dem Französischen entlehntes kölsches Wort für einen Pflasterleger ist.

Viele bekannte Paveier-Hits sind zwar auf Kölsch, textlich aber eher nahe der Stimmungsmusik angesiedelt: Mit allgemein gültigen Liebes- und Trinkliedern waren die Paveier meist erfolgreicher als mit den Liedern, die typisch kölsche Themen behandelten. Ihre vielen bekannten Stimmungshits sind dafür während der tollen Tage in praktisch jedem Laden zu hören.

Spickzettel Paveier

Woran erkennt man die Lieder? Die meist kölschen Texte sind teils weniger hintergründig als bei den Fööss oder Höhnern. Dafür ist die musikalische Bandbreite sehr groß.
Kult-Hits: »Beinah, beinah«, »Buenos Dias, Mathias«, »Hück weed et joot«, »Let's go Kölle«.
Geheimtipps: »Düxer Strandclub«, »Loss se schwaade«, »Hurra, wir bauen eine U-Bahn«.
Webseite: www.paveier.de

De Räuber

Auch de Räuber stehen bei allem Erfolg in der öffentlichen Wahrnehmung ein wenig im Schatten der großen Fööss und der Höhner, dabei gelang ihnen schon kurz nach ihrer Gründung Anfang der 1990er Jahre ein echter Klassiker: »Denn wenn et Trömmelche jeit« ist wohl eines der bekanntesten Karnevalslieder überhaupt. Auch einige ihrer anderen Titel sind vom vielen Hören so vertraut, dass man sich kaum vorstellen kann, dass sie erst knapp 20 Jahre alt sind. Richtig überraschend ist aber, wie souverän die Räuber zwischen ans Herz gehenden kölschen Texten einerseits und eher zweideutigen Stimmungsliedern andererseits wechseln können. So gelingt ihnen tatsächlich der Spagat, sowohl das anspruchsvolle kölsche Kneipenpublikum als auch die trinkfreudigen Fans der Stimmungsmusik für sich einzunehmen. Respekt!

Ach ja: Das Lied »Ich ben ne Räuber« ist übrigens verwirrenderweise nicht von den Räubern, sondern von den Höhnern.

Spickzettel De Räuber

Woran erkennt man die Lieder? Schwierig zu sagen – das Text-Spektrum reicht von kölscher Sentimentalität über klugen Wortwitz bis zum leicht zotigen Trinklied, und musikalisch ist die Bandbreite ähnlich groß.

Kult-Hits: »Denn wenn et Trömmelche jeit«, »Op dem Maat«, »Am Eigelstein es Musik«.

Geheimtipps: »Kölsches Bloot«, »Da wa ja ma Ha da«.

Webseite: www.de-raeuber.de

Brings

Wenn die Fööss die kölschen Beatles sind, dann gebührt der Gruppe um Peter und Stefan Brings der Titel der kölschen Stones. Gut, der Vergleich mag auf beiden Füßen hinken, aber er kann sich auf den Beinen halten: Brings rocken deutlich mehr als andere Karnevalsbands – was kein Wunder ist, denn vor ihrer rasanten Karriere im Fasteleer spielte die Gruppe ab 1991 zehn Jahre lang Kölschrock in bester BAP-Tradition. Dummerweise spielte gleichzeitig auch BAP Kölschrock in bester BAP-Tradition – und das schon deutlich länger. Trotz großer Anfangserfolge schaffte Brings es daher nicht, sich überregional auf Dauer zu etablieren, und als lokale Mundart-Rockband tut man sich außerhalb des Karnevals auch in Köln schwer.

Die Wende kam zum zehnjährigen Jubiläum im Jahr 2001. Bandleader Peter Brings schrieb der Gruppe als Geburtstagslied das Stück »Superjeilezick« (Hochdeutsch: »supergeile Zeit«). Falls Sie das Lied tatsächlich noch nie gehört haben sollten: Stellen Sie sich vor, jemand singt den alten Schlager »Those were the days« als rasante kölsche Polka. Mit E-Gitarre und ganz viel Spaß. Der Song, eigentlich gar nicht dafür gemacht, wurde ein Überraschungshit im Karneval. Mit Hilfe der Höhner tourte die Band plötzlich durch die Sitzungssäle und fand sich wie einst die Bläck Fööss in der Rolle der Karnevalsrebellen wieder: Auch wenn der damalige Präsident des Festkomitees bei jedem Auftritt der »Rockband« aus Protest den Saal verließ – das Publikum war begeistert, und für Brings gab es kein Zurück mehr. Seither ist die Gruppe voll im Karnevalsgeschäft integriert. Jede Session mindestens ein neuer Song – häufig mit dem bewährten Mix von Polka-Rock-Sound und russisch-osteuropäisch anmutender Melodie.

Viele der alten Fans reagierten irritiert auf die neue Richtung. Bis heute finden sich in den entsprechenden Onlineforen bei jeder neuen Brings-CD enttäuschte Reaktionen alter Fans, die offenbar auch nach einem Jahrzehnt immer noch überrascht und frustriert sind, dass eine der erfolgreichsten Bands im Kölner Karneval sich nicht plötzlich entscheidet, dem Fastelovend den Rücken zu kehren.

»Wenn ich jung wär, und meine Lieblings-Rockband spielt plötzlich Karnevalsmusik, ich würde auch denken, die seien jetzt durchgedreht. Aber wir sind halt älter geworden, und unser Verhältnis zum Karneval hat sich geändert.«
Peter Brings, Frontmann der Gruppe »Brings«

Spickzettel Brings

Woran erkennt man die Lieder? Zwei Hauptmerkmale: Kölscher Polka-Rock und rasante Cover hochdeutscher Schellack-Schlager.
Kult-Hits: »Superjeilezick«, »Man müsste nochmal zwanzig sein«, »Nur nicht aus Liebe weinen« und viele andere.
Geheimtipps: »Heimjon«, »Kölle«.
Webseite: www.brings.com

Bei anspruchsvollen Musikjecken hat sich Brings dafür einen festen Platz erobern können: Anders als viele Überraschungsstars setzte die Band danach nicht ausschließlich auf möglichst sichere Hit-Klone, sondern schob auch immer wieder mal unerwartete Nummern und Genres ein.

Natürlich gibt es neben diesen fünf Gruppen noch jede Menge anderer wichtiger Musiker im kölschen Karneval – zum Beispiel Wicky Junggeburth, der als Prinz 1993 mit »Eimol Prinz zo sin« begeisterte, Marie Luise Nikuta, die über Jahrzehnte hinweg die offiziellen Mottolieder für die Karnevalssession schrieb, »Köbes Underground«, die Hausband der Stunksitzung, deren bissige Songs immer öfter in den Kneipen laufen, oder »Hanak«, die in der Session 2008/09 mit »Haifischzahn« einen der erfolgreichsten Debüttitel seit Langem vorstellten, »Schmackes«, die im alternativen Karneval aktiv sind und durch »Loss mer singe« große Bekanntheit erlangten, oder »De Familich«, die auf eine traditionell-kölsche akustische Instrumentierung setzen, die »Schäl Sick Brass Band« und den »Humba Efau«, die schon in den 1990er Jahren anfingen, Weltmusik-Einflüsse in den Karneval zu holen. »Domstürmer«-Keyboarder Stephan Christ schätzte die Gesamtzahl der im Kölner Karneval aktiven Bands in einem Interview auf um die 300.

Nicht vergessen sollte man auch all die verstorbenen Künstler, deren Stücke noch immer zum Karneval dazugehören – allen voran Willi Ostermann, der Anfang des 20. Jahrhunderts der wohl einflussreichste Kölner Texter und Komponist war und dessen Lieder den Kölner Karneval bis heute prägen. »Ostermann-Lieder« sind für den Kölner synonym mit der höchstmöglichen Qualität, die kölsche Lieder erreichen können. Mit diesen Liedern feierte unter anderem auch ein Namensvetter Ostermanns Erfolge: Willy Millowitsch, eigentlich als Volksschauspieler bekannt, nahm erst mit über 50 seine erste Platte auf. Er selbst zweifelte an seinen Sangeskünsten – und das mit Recht, denn so manches Lied wird von ihm eher gebrüllt als gesungen. Doch die gute Laune in seinem eigenwilligen Sprechgesang ist so ansteckend, dass Millowitschs Interpretationen von »Heidewitzka, Herr Kapitän« oder »Es war einmal ein treuer Husar« auch ein halbes Jahrhundert nach ihrem Entstehen noch in den Karnevalskneipen gespielt werden.

Sie sehen, eine erschöpfende Darstellung der kölschen Musikszene würde mindestens ein eigenes Buch füllen – und jeden Karnevalsanfänger gnadenlos überfordern. Das Schöne ist aber: Sie müssen das alles gar nicht wissen, um Spaß zu haben. Seien Sie einfach offen für neue und unbekannte Lieder, hören Sie ab und zu mal etwas genauer hin, damit Sie beim Refrain einstimmen können, scheuen Sie sich auch nicht, etwas mal einfach zu doof zu finden – aber am wichtigsten: Singen und feiern Sie, so gut Sie können – denn darauf kommt es an.

Du sollst mich lieben
für drei tolle Tage –
Flirten
und mehr im Karneval

Schwatze Auge, heisse Bützjer,
wild jedanz. Jetz oder nie!
Ich bin dinge Fastelover
un do ming Marie.
Schmackes, »Fastelover«

(Schwarze Augen, heiße Küsse,
wild getanzt. Jetzt oder nie!
Ich bin dein Fastelover
und du meine Marie.)

Der Karneval als Kontaktbörse für Flirts und Seitensprünge – das ist auch eines dieser Klischees, die Imis über den kölschen Fastelovend haben. Und, Überraschung, damit haben sie vollkommen recht. Nur Rhein und Dom werden von den Kölnern öfter besungen als die spontane Karnevalsliebschaft. Trotzdem wäre es falsch, den Karneval komplett darauf zu reduzieren. Unzählige Jecken feiern jedes Jahr Karneval, ohne das geringste Interesse an irgendwelchen amourösen Abenteuern zu haben. Machen Sie also bitte nicht den Fehler, alle Männer oder Frauen ohne offensichtliche Begleitung als Freiwild zu betrachten.

Trotzdem haben natürlich Verkleidung und entspannte Feieratmosphäre im Kneipenkarneval einen ähnlichen Effekt wie Urlaubsreisen oder die Klassenfahrten und Zeltlager der Kindheit:

117

Man kann ein anderer sein und Dinge tun, die man zu Hause nicht täte. Aber genau wie Mama und Papa früher, gebe auch ich Ihnen vor dem Feiern ein paar gut gemeinte Ratschläge mit auf den Weg. Und weil es zufällig elf Stück geworden sind, habe ich ihnen gleich einen bedeutungsschwangeren Titel verpasst.

Die elf Gebote für den Karnevalsflirt

1.) Wählen Sie Ihr Kostüm mit Bedacht. Würden Sie gern einen halb verwesten Zombie küssen?

2.) Nicht jede(r) hat Interesse. Viele Jecken beiderlei Geschlechts wollen einfach gern mit Ihnen feiern, ohne am Ende zu knutschen oder ins Bett zu steigen. Akzeptieren Sie das und werden Sie nicht aufdringlich.

3.) Einige haben Interesse. Sie werden den Unterschied schon merken.

4.) Nicht jede Berührung ist eine Aufforderung zu mehr. Beim Schunkeln legt man den Arm um die nächstbeste Person neben einem – genießen Sie den Moment der spontanen Nähe unter Fremden, aber erwarten Sie nicht gleich mehr.

5.) Ein Bützje ist keine Anmache, sondern einfach nur eine nette Geste. Freuen Sie sich, und denken Sie nicht weiter drüber nach.

6.) Nicht einmal jeder Flirt ist eine Aufforderung zu mehr. Seien Sie nicht enttäuscht, wenn Ihre Bekanntschaft irgendwann zurückhaltender wird – das hat nichts mit Ihnen zu tun, sondern nur mit persönlichen Grenzen, die sich jeder setzt.

7.) Setzen Sie sich auch persönliche Grenzen – besonders wenn Sie in einer Partnerschaft sind. Wie weit wollen Sie gehen, wenn Fremde Sie anflirten?

8.) Sprechen Sie diese Grenzen auch mit Ihrem Partner ab. So schön Karneval ist, er ist es nicht wert, dass eine Beziehung dafür den Bach runtergeht.

9.) Bohren Sie beim Flirten nicht sofort nach, was Ihr Gegenüber im richtigen Leben macht. Karneval ist Verkleidung und Urlaub vom Alltag – wenn Sie Alltägliches ins Gespräch bringen, geht der Zauber ganz schnell flöten.

10.) Machen Sie sich keine Hoffnungen! Kaum ein Karnevalsflirt über-lebt Aschermittwoch. (Ebenfalls ein viel besungenes Thema im köl-schen Karneval.) Also wird wahrscheinlich nichts aus Ihnen und diesem wunderbaren Menschen, mit dem Sie jetzt schon ganze zwei Abende lang beim Schunkeln perfekt harmoniert haben. Auch die vielen »Pirat sucht Blumenwiese«-Wiedersehensanzeigen, die nach den Karnevalstagen in den Stadtmagazinen und der Tages-presse erscheinen, tragen mehr zur Erheiterung der Leser bei, als dass sie tatsächlich der Beginn einer wunderbaren Freundschaft werden.

11.) Am wichtigsten: Haben Sie Spaß, auch wenn es mit dem Flirten nicht klappt. Genießen Sie es einfach, von netten Menschen um-geben zu sein.

Drink doch ene met –
Alkohol im Karneval

Schnaps, das war sein letztes Wort,
dann trugen ihn die Englein fort.
Willy Millowitsch,
»Schnaps, das war sein letztes Wort«

»Diese Leute im Straßenkarneval, die nur in den Ecken sitzen
und sich besaufen … Da möchte ich eigentlich dann zu Karneval
gar nicht in die Stadt gehen. Ich möchte das nicht sehen müssen.«
Selda Akhan, Regisseurin der »Immisitzung«

Noch so ein großes Vorurteil zum Thema Karneval: Das
Ganze ist ein reines Saufgelage. Auch hier gilt leider: So
ganz falsch ist das nicht. Das Glasverbot in bestimmten
Ecken der Stadt wurde nicht ohne Grund ausgesprochen. Jedes
Jahr aufs Neue berichten die einschlägigen TV-Magazine von Al-
koholexzessen in der Altstadt. Das lockt dann fürs nächste Jahr
noch mehr Publikum dieser Sorte an, und dies hat längst dazu ge-
führt, dass die Gegend vom Dom bis Heumarkt an den meisten
Karnevalsabenden fest in der Hand von Partytouristen ist, weil die
Kölner die Flucht ergriffen haben.

Auch andere Ecken sind in dieser Hinsicht berüchtigt – insbesondere im Zülpicher Viertel wird an jedem Karnevalsabend von zu
vielen Menschen zu viel getrunken. Und als Imi steht man dann
ratlos davor und denkt sich: »Das ist also Karneval?«

Nein, das ist nicht Karneval. Das hat mit Karneval ungefähr genauso viel zu tun, wie eine Dose Billigbier mit einem Single Malt Whisky: In beiden ist Alkohol enthalten – aber das waren dann auch schon die Gemeinsamkeiten.

> *»Bei ›Loss mer singe‹ trinken die Leute ja genauso viel Kölsch wie anderswo im Karneval auch – aber wir hatten in all den Jahren, die wir das machen, bis jetzt noch nie ein Problem, keinen einzigen schlimmen Vorfall.«*
> Georg Hinz, Erfinder von »Loss mer singe«

Nicht dass wir uns falsch verstehen: Zu Karneval wird fast überall Alkohol getrunken – viel Alkohol sogar. Es gibt aber Unterschiede dabei: Die richtige Strategie ist es, sich einen Ort mit guter Stimmung zu suchen und dort zu feiern und dabei zu trinken. Die falsche Strategie ist es, zu trinken, um auf diese Weise in Stimmung zu kommen. Wenn Sie das Gefühl haben, das tun zu müssen: Gehen

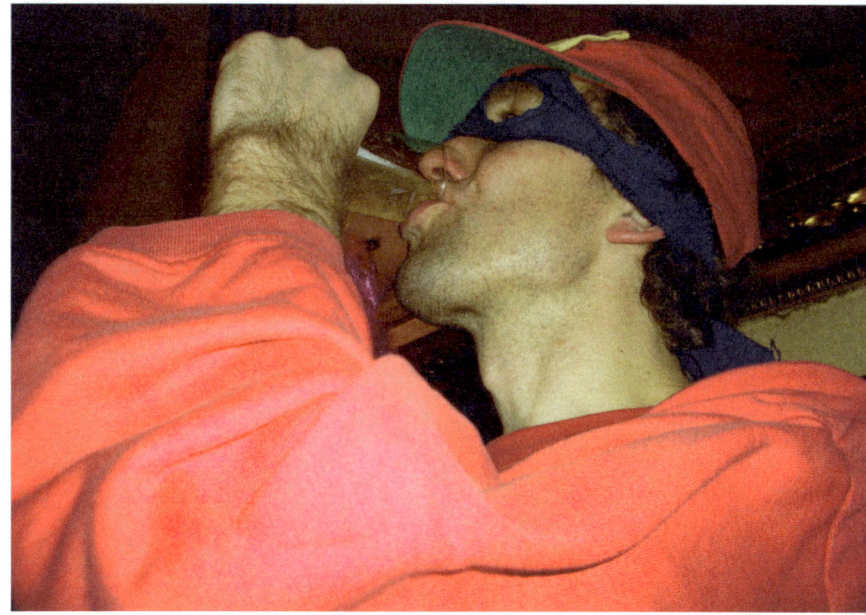

Alkohol? Ja … © Privat

… aber nicht zu viel.

Sie woanders hin – es gibt zu Karneval genug Ecken, die man sich nicht schönsaufen muss.

Viele Wirte verzichten Karneval übrigens auf harte Alkoholika. Einerseits vereinfacht es die Thekenlogistik, wenn man sich auf Kölsch und nichtalkoholische Getränke beschränkt. Andererseits verleiten Schnaps und Co zum Saufen statt geselligem Trinken und können damit schnell die gute Stimmung kippen lassen.

Die beste Strategie, um lange durchzuhalten: Ab und zu auch mal ein Glas Wasser statt Kölsch und möglichst viel singen, tanzen und schunkeln – das hilft, den Alkohol besser abzubauen, und hält Sie so beschäftigt, dass Sie nicht ständig nach dem nächsten Glas Ausschau halten.

En Pappnas em Jeseech –
Kostümieren,
aber richtig

Scheiße verkleidet, scheiße verkleidet!
Hätt' ich nur gewusst, dass man in so nem Fell so leidet.

Köbes Underground, »Scheiße verkleidet«
(auf die Melodie von »I'm so excited« von den Pointer Sisters)

Es wurde hier schon mehrfach gesagt: Karneval ohne Kostüm geht gar nicht – es sei denn, Sie haben Spaß daran, irritiert begutachtet und für eine Spaßbremse gehalten zu werden. (Auch Ausflüchte wie »Ich gehe als Werwolf, aber leider ist gerade kein Vollmond« bringen höchstens kurzzeitige Abhilfe.) Es führt kein Weg daran vorbei: Sie müssen sich verkleiden. Das kann oft auch helfen, Kontakte zu knüpfen, denn je gelungener das Kostüm, desto eher passiert es einem, dass man darauf angesprochen wird. Manche Kostümideen (etwa Reporter mit Mikrofon) laden geradezu dazu ein, mit anderen Jecken ins Gespräch zu kommen.

»Vor einigen Jahren bin ich mal im Karneval als kölsche Jukebox gegangen. Ich hatte einen Hausmeisterkittel an und hab mir vorne und hinten 100 Buttons mit den Titeln von Karnevalsliedern drangebastelt. Wenn jemand eine der Tasten gedrückt hat, habe ich mit ihm gesungen und ihm den Refrain von diesem Lied beigebracht.«
Georg Hinz, Erfinder von »Loss mer singe«

Falls Sie jetzt auf bastelfertige Kostümtipps hoffen, muss ich Sie enttäuschen. Für den Kölner ist ein Kostüm dann gut, wenn es originell ist. Die Chance, dass Sie ein originelles Kostüm bekommen, wenn Sie einfach Ideen aus einem Buch kopieren, ist eher gering. Darum gebe ich statt Komplettanleitungen nur ein paar allgemeine Tipps, um Ihnen bei der Ideenfindung und der richtigen Kostümauswahl zu helfen.

Das Wichtigste für ein kölsches Karnevalskostüm ist nicht, dass es besonders schön oder sexy ist, sondern dass es originell ist. Sei es, weil die Idee so klasse ist, weil so viel Arbeit drinsteckt oder weil es einfach so richtig schön verdötscht (also bekloppt) aussieht.

Kostüme müssen keinen Sinn ergeben – sie sollten nur originell sein. © *Privat*

Zunächst können Sie sich überlegen, wie viele verschiedene Kostüme Sie für die Karnevalstage haben wollen. Wenn es nicht gerade ein ausgesprochen warmer Winter ist, dürften für den Straßenkarneval und die Kneipe nicht dieselben Klamotten geeignet sein. Das wird Ihnen jeder bestätigen, der sich schon einmal beim Warten auf den Zoch in hautengen Leggings fast die Beine abgefroren hat oder aber im Ganzkörper-Bärenkostüm in einer überfüllten Kneipe Gefahr lief, am eigenen Schweiß zu ertrinken (siehe dazu auch den oben zitierten Köbes-Underground-Song).

Faustregel also: für draußen warm, für drinnen dünn. Gerade wenn Sie einen der längeren Züge ansehen, sollten Sie im Kopf haben, dass Sie sich mehrere Stunden lang kaum bewegen werden, und sich entsprechend dick anziehen. Der Wechsel in ein kneipentaugliches Kostüm sollte kein Problem sein, denn bevor Sie auf die Piste gehen, werden Sie sowieso Ihre Kamelleausbeute nach Hause tragen wollen.

Definitiv kein Kostüm für die Kneipe.

Ob Sie an verschiedenen Tagen verschiedene Kostüme tragen wollen, ist Ihnen überlassen. Manche Jecken finden es toll, jeden Abend als jemand/etwas anderes unterwegs zu sein, anderen gefällt es, wenn sie die ganzen Karnevalstage über mit derselben Identität unterwegs sind. So oder so sollten Sie sich bewusst machen: Leute werden je nach Kostüm unterschiedlich auf Sie reagieren, denn der Kölner neigt dazu, auch im Verhalten die Rolle einzunehmen, die zu seinem Kostüm passt.

Es gibt in jedem Jahr gewisse Modetrends bei Kostümen – nach dem ersten »Fluch der Karibik«-Film etwa standen Piraten hoch im Kurs. Überlegen Sie sich, ob Sie mit Ihrem Kostüm lieber ungewöhnlich sein oder auf eine naheliegende Idee zurückgreifen wollen. Ganz schnell Abstand nehmen sollten Sie so oder so von Kostümen von der Stange – zumindest falls Sie nicht vorhaben, diese ein bisschen mit eigenen Ideen aufzupeppen. Wer sich einfach nur in ein Komplettpaket vom Kostümmarkt verpackt, beweist damit vor allem Phantasielosigkeit.

Tipp

Falls Sie im Kneipenkarneval mehrere Tage hintereinander dasselbe Kostüm tragen sollten, ist es eine gute Idee, es zwischendurch einmal (oder mehrmals) zu waschen. Ein vormittäglicher 30-Minuten-Schnellwaschgang reicht völlig aus, danach dann alles in den Trockner oder auf die aufgedrehte Heizung legen, und schon ist es am Abend wieder einsatzbereit.

Für Besserwisser:

Lappenclowns

Im Straßenkarneval werden Sie sehr viele Menschen mit Clownsgesicht sehen, die ein Kostüm tragen, das aus vielen bunten Stofflappen besteht: Lappenclowns. Trotz ihres häufigen Auftretens sind sie alles andere als unoriginell. Die Verkleidung stammt nämlich in der Regel nicht von der Stange, sondern Lappen für Lappen wurden in mühsamer Handarbeit aus Stoffresten geschnitten und auf die Kleidung aufgenäht. Wegen der niedrigen Materialkosten (arme Leute hatten im Zweifel eher Zeit zum Nähen als Geld) ist der Lappemann eines der ältesten und typischsten Kostüme im Kölner Karneval. Inzwischen tauchen auch vermehrt vorgefertigte Lappemann-Kostüme auf, aber die sehen längst nicht so gut aus wie die selbstgemachten.

Wenn Lappenclowns in solchen Mengen auftreten, ist es verständlich, dass die Kostüme gekauft wurden. Das Selbernähen hätte da wirklich ewig gedauert.

Eigene Akzente zu setzen, ist indes gar nicht so schwer. Beliebt ist es zum Beispiel, Sträflingskostüme mit selbst gedruckten oder gemalten Schildern oder Aufnähern zu ergänzen, auf denen der Name eines aktuell in Misskredit geratenen Politikers, Wirtschaftsbosses et cetera steht. Ähnlich ließen sich zum Beispiel Bauarbeiterkostüme in Bezug zum Kölner U-Bahn-Bau setzen, ein Cowboy mutiert zum Kommentar auf US-Außenpolitik und so weiter. Ihrer Phantasie sind keine Grenzen gesetzt.

Trotz all dieser Beispiele muss ein Kostüm nicht zwangsläufig einen aktuellen Bezug haben. Clowns kommen ebenso wenig aus der Mode wie Tiere oder Bauwerke. (Schon mal als Eiffelturm gegangen?) Sehr raumgreifende Kostüme oder solche mit vielen Accessoires eignen sich allerdings vorwiegend für den Straßenkarneval. In der Kneipe machen Sie sich keine Freunde, wenn Sie zu viel

Platz wegnehmen, und Kleinteile wie Pistolen, Säbel oder Ähnliches gehen im Gedränge schnell verloren. Damit das nicht auch Geld und Schlüsseln widerfährt, sollte Ihr Kneipenkostüm eine oder mehrere Taschen haben, am besten sogar mit Reißverschluss gesichert. Außerdem sollte ein Kneipenkarnevalskostüm widerstandsfähig sein: Im Laufe des Abends wird garantiert das eine oder andere Kölsch daraufschwappen. (Deswegen wollen Kostümverleiher auch nicht, dass ihre teuren Kostüme in Kneipen landen – das würden die nicht überstehen.)

Sehr schön sind auch Gruppen und Familien mit aufeinander abgestimmten Kostümen. Das sieht gut aus und erleichtert das gegenseitige Wiederfinden im Gedränge. Auch hier geht fast alles. In den letzten Jahren zogen unter anderem mehrere Horden Schlümpfe, eine Bande in »Clockwork Orange«-Klamotten sowie eine Gruppe Gewürzstreuer (!) durch die Kölner Kneipen. Je schräger, desto besser.

Auch Schminken ist im Karneval sehr populär. Neben dem klassischen Clownsgesicht sind auch Tier-Maskeraden wie Katzen oder Kühe oft zu sehen. (Letztere erfreuen sich als Kostüm einer rätselhaften Beliebtheit bei Frauen um die 20, vor allem, wenn sie in Herden, pardon, Gruppen auftreten. Stoff für eine psychologische Dissertation?) Als pragmatischer Jeck bevorzuge ich Schminkmaskeraden, bei denen die Mundgegend möglichst ungeschminkt bleibt – das erleichtert das Bützen, Essen und vor allem Kölschtrinken ungemein.

Immer wieder wird an mich auch der Ratschlag herangetragen, nicht die billigste Schminke zu verwenden, da das ein sicheres Rezept für Hautreizungen sei. Ich gebe das gern weiter, muss allerdings der Fairness halber hinzufügen: Ich benutze seit Jahren die erstbeste Schminke, die ich im Supermarkt finde, und habe mir damit schon oftmals tagelang hintereinander das halbe Gesicht eingeschmiert – bisher noch ohne jeden bösen Effekt. Allerdings ist meine Haut generell nicht besonders empfindlich. Wenn Sie sichergehen wollen, testen Sie die Schminke Ihrer Wahl ein paar Tage vor Karneval an unauffälliger Stelle (zum Beispiel auf dem Oberarm). Wenn die Haut nach ein paar Stunden keine Rötung zeigt, dürften Sie keine Probleme bekommen. Auch spezielle Abschminkpasten hab ich nie als notwendig empfunden – die wirkten bei mir auch nicht besser als Waschlappen und Seife. Hier gilt aber ebenso: Falls Ihre Haut sensibler ist als meine, könnte das bei Ihnen vielleicht anders aussehen.

Wenn Sie keine Zeit oder Lust auf eine individuelle Ganzkörperverkleidung haben, können Sie statt originellem Kostüm auch die kölsche Minimalvariante wählen. So reicht zum Beispiel etwas Schminke oder Lippenstift, um sich zu kostümieren: Malen Sie sich etwa ein Herzchen auf jeder Wange, und schon sind Sie nicht mehr unverkleidet. Das ist übrigens gerade für Männer auch ein guter Weg, um unterwegs erste Kontakte zu knüpfen. Bitten Sie einfach eine verkleidete Dame, Ihnen mit etwas Lippenstift oder Ähnlichem zum Schminken auszuhelfen. Mit etwas Glück wird sie sogar anbieten, das Schminken gleich selbst zu übernehmen; das Ergebnis wird meist schöner sein als das, was Sie selbst vor dem Spiegel hinbekommen hätten.

Ebenfalls beliebte Instantverkleidungen sind die klassische Pappnase (heute meist aus Schaumstoff) oder Abziehbilder mit dem Kölner Wappen, die man überall bekommt, wo es Kostüme gibt: Eines davon auf jede Wange, dazu noch entweder bunte Kleidung (bei Jüngeren) oder eher etwas Elegantes mit einem Hütchen (beliebt bei Jecken ab Mitte 50) – schon ist man ausgehfertig.

Sollten Sie am Ende aber doch mit der 08/15-Verkleidung vor der Kneipentür stehen: Keine Sorge – wenn erst einmal kräftig geschunkelt wird, interessiert das auch niemanden mehr.

Karneval fiere sujar schon uns Pänz – Karneval mit Kindern

Pänz, Pänz, wo mer jeit un steit nur
Pänz, Pänz, Pänz.
Bläck Fööss, »Pänz, Pänz, Pänz«

(Kinder, Kinder, wo man geht und steht nur
Kinder, Kinder, Kinder.)

Vielleicht haben die bisherigen Kapitel bei Ihnen den Eindruck erweckt, Karneval in Köln biete – abgesehen vom Zugangucken und Kamellesammeln – nicht wirklich etwas für Kinder. Das stimmt leider, denn ein Umfeld mit haufenweise betrunkenen Erwachsenen auf der Straße ist nicht unbedingt das, was die meisten Eltern sich für ihre Kinder wünschen, und bei den meisten Sitzungen und sonstigen offiziellen Veranstaltungen sind weder Humor noch Anfangszeiten und Getränkekarten kindgerecht gehalten. Familien, die länger hier wohnen, können, wenn die Kinder es wollen und die Erwachsenen es sich leisten können, die Nachwuchsangebote von Karnevalsvereinen, Musik- oder Tanzgruppen und Ähnlichem in Anspruch nehmen, damit die Kinder so in den Karneval »hineinwachsen« können. Das taugt aber nicht als kurzfristiger Tipp, wenn Weiberfastnacht vor der Tür steht und man etwas für die Kleinen finden muss.

Immer wieder eine schwierige Frage: Wo kann man zu Karneval mit Kindern hin?

Feten und Sitzungen

Unmittelbare Abhilfe bieten eigentlich nur die Veranstaltungshinweise in Stadt-Anzeiger und StadtRevue. Für Kinder vom Kindergartenalter bis kurz vor der Pubertät eignen sich Kinder- und Familienkarnevalsveranstaltungen, die oft von Bürgerzentren oder Kirchengemeinden angeboten werden, zum Beispiel Weiberfastnacht im Altenberger Hof in Nippes. Ab dem Grundschulalter können Sie mit Ihren Kindern auch in eine Kindersitzung gehen. Fragen Sie im Zweifel bei den Organisatoren nach, für welche Altersgruppen die Veranstaltung geeignet ist.

Wenn Sie rechtzeitig, das heißt Monate im Voraus, Karten im Online-Vorverkauf erstehen, schaffen Sie es vielleicht sogar in die Kinderpuppensitzung im Hänneschen-Theater. Die Chancen sind etwas besser als bei der »großen« Puppensitzung, aber trotz alledem noch immer sehr gering – versprechen Sie es Ihren Kindern also lieber nicht, bevor Sie nicht die Karten in den Händen haben.

Schwieriger wird die Sache bei älteren Kindern, die gern ohne Erwachsene losziehen wollen: Trotz aller Gegenmaßnahmen (unter anderem der jährlich groß plakatierten Aktion »Keine Kurzen für Kurze«, bei der man sich unwillkürlich fragt, ob Bier für Kinder also okay ist) sind betrunkene Kinder im Straßenkarneval leider immer noch viel zu oft zu sehen. Am massivsten zeigt sich dieses Problem zu Weiberfastnacht, dem Tag, an dem auch viele Erwachsene deutlich mehr trinken, als ihnen guttut.

Die Stadt hat aus diesem Grund vor einigen Jahren auf dem Neumarkt die alkoholfreie Jugendparty »JeckDance« eingeführt. Das Konzept: Als Gegenprogramm zu Top-Karnevalsbands und literweise Alkohol auf dem Alter Markt und in der Südstadt setzt man auf eher unbekannte Künstler und Limonade auf dem Neumarkt und wundert sich dann jedes Jahr aufs Neue, wieso das nicht ganz so attraktiv für die Jugendlichen ist.

Ein weiterer Versuch, alkoholfreien Jugendkarneval zu feiern, ist die »Kölle Alarm«-Party, die jedes Jahr am Nachmittag des Karnevalssamstags ausgerichtet wird und sich an Jugendliche zwischen 12 und 18 Jahren wendet. Den genauen Veranstaltungsort sowie Kartenvorverkaufsstellen entnehmen Sie am besten der Presse.

Am Karnevalssonntag findet nachmittags traditionell die »tärää-Sitzung« statt. Das ist, trotz des Namens, eine Jugend-Karnevalsfete mit Live-Musik, die das Festkomitee und die Kölner Bank gemeinsam ausrichten. Erklärtes Ziel der Veranstaltung ist es, Jugendliche für den organisierten Karneval zu begeistern, deswegen gibt es auch trotz des günstigen Eintrittspreises von um die zehn Euro in der Regel ein hochklassiges Programm mit fast allen namhaften Gruppen des Kölner Karnevals, das von den Jugendlichen sehr gut angenommen wird. Tatsächlich ist das Preis-Leistungs-Verhältnis so gut, dass die Türsteher aufpassen müssen, dass es auch eine Jugendveranstaltung bleibt – denn das Programm ist auch für Erwachsene spannend.

Einziger Wermutstropfen für besorgte Eltern: Es wird Bier verkauft. Zu große Alkoholexzesse sind aber eher unwahrscheinlich; darauf achten die Veranstalter schon im eigenen Interesse. Eintrittskarten gibt es in den Wochen vor Karneval ausschließlich in der Hauptstelle der Kölner Bank, Hohenzollernring 31–35.

Zwei wunderbare Kinderkarnevalsveranstaltungsreihen endeten leider im Jahr 2010: Die Rede ist von der Kinderstunksitzung und der ähnlich ausgerichteten Ziegenbartsitzung. In beiden Sitzungen brachten Kinder und Jugendliche – unterstützt von Erwachsenen – bissige Sketche auf die Bühne, die oft genug mit denen der großen alternativen Sitzungen mithalten konnten. Während der Abschied des Ziegenbartsitzungsteams eher selbst gewählt und endgültig klingt, ließen die Kinderstunker in ihren Abschiedsworten durchblicken, dass das Aus nur wegen organisatorischer Zwänge kam und dass sie unter geänderten Rahmenbedingungen durchaus Lust auf eine Fortsetzung hätten. Genaueres war zur Drucklegung leider nicht bekannt.

Gerade jetzt, da der alternative Sitzungskarneval in Köln so aufblüht, werden sich auf Dauer wohl andere Veranstaltungen finden, in denen Kindern spannender alternativer Karneval geboten wird, für den Moment fehlt dem Karneval damit aber eine wichtige Facette.

Mit Kindern zum Zoch

Für ganz kleine Kinder sind Karnevalszüge oft zu laut und verstörend, aber ab einem gewissen Alter sind die vielen Verkleidungen und großen Wagen richtig spannend. Kommen Sie aber bitte nicht auf die Idee, den armen Kleinen vier Stunden Rosenmontagszug zuzumuten – das ist dann doch Reizüberflutung. Ein Tipp in diesem Zusammenhang: In der Nähe des Chlodwigplatzes stellen sich die Wagen und Gruppen des Rosenmontagszugs schon ab dem frühen Montagmorgen auf, um mit Süßigkeiten beladen zu werden. Das ist eine gute Gelegenheit, Ihren Kindern in Ruhe viele der beeindruckenden Wagen zu zeigen.

Spannend für Kinder sind auch die Schull- und Veedelszöch am Sonntag in der Innenstadt, denn die Schulgruppen bestehen naturgemäß zum größten Teil aus Kindern, die meist sehr phantasievolle Kostüme tragen. Außerdem herrscht nicht so ein Gedränge wie zu Rosenmontag. Auch die eigentlichen Veedelszüge, die sich an den Karnevalstagen durch die Stadtteile schlängeln, sind gute Familienziele.

Wer im Zoch mitläuft, braucht nicht unbedingt Kinderbetreuung.

Für die eigene abendliche Kneipentour bleibt jecken jungen Eltern leider meist nur der Klassiker: Entweder Babysitter organisieren oder sich mit dem Ausgehen abwechseln – und wenn man sich gar nicht einigen kann und deshalb gemeinsam zu Hause bleibt, kommt vielleicht der Erkenntnismoment, für wen der WDR eigentlich diese ganzen Karnevalssendungen als Ersatzdroge ins Programm gehoben hat …

M'r fohre met d'r Strossebahn noh Hus – Mit Bus und Bahn durch den Karneval

Hück kütt mer zwar flöck ahn,
doch muss mer fies Jlöck han.
Kei Minsch deit dir sage,
wie wick de zo fahre.
Bläck Fööss – »Die 3 vun d'r Linie 2«

(Heute kommt man zwar schnell an,
doch muss man ganz schön Glück haben.
Kein Mensch sagt dir,
wie weit du fahren musst.«)

Der Kölner pflegt ein zwiespältiges Verhältnis zu »seinen« Verkehrsbetrieben: Sie sind unbestritten notwendig und werden regelmäßig genutzt, gleichzeitig wird aber prinzipiell jede Verspätung und Fahrplanunregelmäßigkeit als Beleg für die komplette Unzuverlässigkeit des gesamten Systems genommen. Trauriger Höhepunkt dieser gänzlich verkorksten Beziehung ist der vollkommen aus dem Ruder gelaufene Bau der Nord-Süd Stadtbahn. War die Unzufriedenheit nach endlosem Baustellenchaos, einem schiefen Kirchturm und auf über eine Milliarde Euro angewachsenen Kosten schon groß, ruinierte der durch den Bau verursachte Einsturz des Stadtarchivs mit zwei Todesopfern und dem

Verlust unbezahlbarer Kulturgüter auch das letzte Ansehen, das die KVB noch bei den Kölnern genoss. Trotz allem sind Busse und Bahnen zu Karneval das bevorzugte Fortbewegungsmittel. Falls Sie nicht schon im Besitz eines KVB-Abos sind, besorgen Sie sich am besten in einer der KVB-Verkaufsstellen – zum Beispiel am Neumarkt oder nahe der Haltestelle Venloer Straße/Gürtel – ein Karnevalsticket, das die gesamten tollen Tage hindurch gilt. Und wenn Sie schon da sind, sollten Sie sich gleich auch einen Karnevalsfahrplan mitnehmen, denn in vielen Karnevalsnächten fahren die Bahnen öfter als sonst.

Zu einer Kneipe oder einem Treffpunkt zu finden, ist auch für Imis nicht schwer: Man hat ausgiebig Zeit, auf dem Stadtplan oder im Internet zu gucken, wo man hinmuss und welche Bahnen dahin fahren. Schwieriger wird es schon auf der Rückreise – je nach Kölschpegel kann es eine Herausforderung sein, zur richtigen Zeit an der richtigen Haltestelle in die richtige Bahn zu steigen. (Busse fallen eh weg, denn anders als in Berlin oder Hamburg gibt es in Köln keinerlei Nachtbusse.)

Ganz böse wird es, wenn Sie unterwegs umsteigen müssen – an welcher Station können Sie noch mal die Bahn erwischen, die Sie nach Hause bringt? Die KVB hat für diesen Zweck für den Nachtverkehr das sogenannte »Rendezvous«-System eingeführt, bei dem der Bahnverkehr so abgestimmt wird, dass bestimmte Haltestellen als bevorzugte Umsteigepunkte dienen: Zentraler Punkt ist der Neumarkt, daneben gibt es noch Umsteigemöglichkeiten an Ebert- und Barbarossaplatz. Eine genaue Übersicht über die aktuelle Taktung (an der immer mal wieder etwas gebastelt wird) und die besten Umsteigepunkte erhalten Sie als Faltblatt in den KVB-Kundencentern.

Eigentlich eine feine Sache – nur haben Sie diese Blätter wahrscheinlich genau dann nicht dabei, wenn Sie sie brauchen. Als grobe Handreichung, um nach Hause zu finden, reicht aber auch dieser Spickzettel. Suchen Sie nach der Nummer der Bahnlinie, mit der Sie nach Hause kommen wollen, und Sie können in der rechten Spalte sehen, an welchen Umsteigepunkten Sie diese Bahn erwischen können. Merken Sie sich die oder schreiben Sie sie auf einen

Zettel, den Sie auch wirklich mitnehmen. Wie Sie dann von der Kneipe zu Ihrem Umsteigepunkt kommen, erklärt Ihnen zu gegebener Zeit bestimmt einer der anderen Jecken, die mit Ihnen auf die Bahn warten.

Spickzettel: Wie man mit der Straßenbahn nach Hause kommt

Linie, mit der Sie nach Hause wollen	Fahren Sie hierhin, um die Bahn zu erwischen
1, 7, 9	Neumarkt, Rudolfplatz
3, 4,	Neumarkt, Friesenplatz
5	Ebertplatz, Friesenplatz
12, 15	Ebertplatz, Rudolfplatz, Barbarossaplatz
16, 18	Neumarkt, Ebertplatz, Barbarossaplatz

Fallstricke im Strassenbahnverkehr

Ihnen ist vielleicht aufgefallen, dass auf dem Spickzettel die Linie 13 fehlt. Dafür gibt es einen guten Grund. Während die anderen Linien an den meisten Karnevalstagen rund um die Uhr fahren, macht die Linie 13 spätestens gegen 1 Uhr nachts Schluss.

Die anderen Linien fahren bis gegen 1 Uhr auf den meisten Strecken im 30-Minuten-Takt. An regulären Werktagen ist danach bis gegen 5 Uhr morgens Schluss, aber am Wochenende und an den heißen Karnevalstagen fahren einige Bahnen im Stundentakt die ganze Nacht hindurch. Welche genau, können Sie dem Karnevalsfahrplan entnehmen. (Daher nochmals die Aufforderung: Holen Sie sich das Ding. Es lohnt sich.) Als Faustregel gilt, dass donnerstags, samstags und montags mehr Züge fahren als an den anderen Tagen.

Und wo wir schon bei den Fallstricken sind: Rechnen Sie nicht damit, dass die Linie 9 in Sülz da lang fährt, wo sie es laut Fahrplan tun sollte. Das vordere Ende der Zülpicher Straße verwandelt sich zu Karneval in eine Open-Air-Partymeile und wird in der Regel polizeilich gesperrt. Die Linie 9 wird deswegen regelmäßig über

Rudolfplatz, Aachener Straße und Gürtel umgeleitet. Wenn Sie irgendwo nach Sülz müssen, versuchen Sie, herauszufinden, ob Sie nicht auch mit der 18 nach Hause kommen können. Die fährt über weite Strecken parallel zur 9 und wird in dieser Ecke nicht umgeleitet.

Wieso »in dieser Ecke«? Weil es zu Karneval neben dieser Sperrung auch noch jede Menge anderer zeitweiliger Unterbrechungen oder Verzögerungen im Kölner Straßenbahnverkehr gibt. Weiberfastnacht ist in dieser Hinsicht tagsüber mit am schlimmsten: Horden betrunkener Jecken latschen entweder über die Gleise oder blockieren Bahntüren. Erwarten Sie also nicht, dass es so etwas wie einen Fahrplan gibt, sondern quetschen Sie sich einfach in die erste Bahn, in die Sie noch hineinkommen. Daneben wird fast jede der Linien an mindestens einem Karnevalstag von mindestens einem Umzug gekreuzt. Was wann wo wie lange nicht mehr fährt, können Sie den Informationsanzeigen der KVB entnehmen, die an jeder Bahnhaltestelle und inzwischen auch immer öfter an den Bushaltepunkten angebracht sind. Glücklicherweise sind diese Sperrungen immer tagsüber und daher längst vorbei, wenn Sie aus der Kneipe zurückmüssen.

Dat es Karneval –
Versuch einer Schluss-
betrachtung

Unsere schöne Fastelovend kann un darf nit ungerjonn.
Loss m'r en häje, loss m'r en pfläje.
Jeder von uns kann jet dun.
Bläck Fööss, »Ävver bitte met Jeföhl«

(Unser schöner Karneval kann und darf nicht untergehn.
Lasst ihn uns hegen, lasst ihn uns pflegen.
Jeder von uns kann das tun.)

»Karneval, das ist für mich: Einmal im Jahr einfach loslassen.
Richtig die Sau rauslassen. Einfach das Gegenteil von Fasten.«
Selda Akhan, Regisseurin der »Immisitzung«

Karneval ist ein bisschen wie Dieter Bohlen: Die meisten Leute haben eine klare Meinung dazu. Entweder lehnen sie ihn total ab, oder sie sind begeistert. Wenn Sie das hier lesen, schwanken Sie wahrscheinlich ein bisschen, sind aber neugierig.

Kölsche und auch konvertierte Imis schwärmen so oft von all den tollen Aspekten des Karnevals, und auch ich habe das im Laufe dieses Buches oft genug getan – darum zum Schluss – beziehungsweise vor dem Serviceteil – noch einmal eine klare Aussage:

Der Kölner Karneval ist im Grunde seines Herzens eine verdammt spießige Angelegenheit. Allerdings nicht spießig wie die Kehrwoche oder »Rasen betreten verboten«-Schilder. Eher schon wie Weihnachtslieder und der Eurovision Song Contest. Für Kölsche und gerade für assimilierte Imis ist Karneval eine lieb gewonnene Tradition. Man muss ihn nicht so ernst nehmen, aber man will ihn auch nicht missen. Und wer keine Ahnung davon hat, soll gefälligst nicht respektlos daherreden.

Gemeinsames Feindbild aller Jecken sind Menschen, die unter Karneval nichts weiter verstehen, als sich hemmungslos zu besaufen, rumzupöbeln und dabei hirnlose Musik zu hören. Verschiedene Gruppen haben nun verschiedene Wege gefunden, sich von solchen Leuten abzugrenzen. Die einen verteuern Alkohol und Eintritt extrem, um zu große Orgien zu verhindern, lassen viele der Witze aber gleichbleibend flach: Das nennt sich dann Prunksitzung. Andere verkaufen auch Eintrittskarten, machen aber ihr Bier günstiger und setzen auf intellektuellen Humor, der der Party-Sauf-Fraktion zu hoch und den Prunksitzungsgängern zu böse ist: Das heißt dann Stunksitzung. Wieder andere trinken, feiern und tanzen auf den Tischen – aber bitte nur zu Musik und Texten, die gewissen Qualitätsansprüchen gerecht werden: Da ist die »Loss mer singe«-Bewegung ein Vorreiter. Allen gemeinsam ist, dass sie immer wieder den Anspruch und den Wunsch äußern, den Karneval zu »bewahren«.

Was ist das, was da bewahrt werden soll, und wovor? Es ist ein Fest, das in gewisser Weise eine Utopie verwirklicht: Alle Menschen sind vielleicht nicht gleich und werden auch nicht unbedingt Brüder, aber für ein paar Tage sind sie einfach freundlich und offen zueinander und feiern gemeinsam zu Musik, die die meisten von ihnen den Rest des Jahres über nicht anhören würden, auf die sich aber in diesem Moment sogar Leute einigen können, die ansonsten nie etwas miteinander zu tun hätten. Zu Karneval können Jung und Alt, Akademiker und Handwerker, Kölscher und Imi gemeinsam feiern, und für einen Moment sind die Grenzen, die uns im Alltag voneinander trennen, aufgehoben. Das ist das, was überzeugte Jecken so entschlossen gegen die reine Feierwut schützen wollen.

Entschlossenheit läuft immer Gefahr, zu Verbissenheit und Starrköpfigkeit zu verkommen: Subversion wird Tradition, Revolutionäre werden zu Funktionären. Damit der Karneval auch davor bewahrt werden kann, braucht er immer wieder Veränderung – auch und gerade von außen. Oder wie es Jürgen Becker formuliert:

»Der Kölner Karneval ist wie ein Komposthaufen. Nur, wenn er immer wieder umgegraben wird, kommt der Sauerstoff hinein, und der rheinische Dünger wird zum Humus des Humors. Ohne Karneval geriete der Psychohaushalt der Stadt schwer durcheinander.

Also: Auch Imis sind Sauerstoff. Ohne Imis kein Karneval.«

In diesem Sinne: Alaaf.

Adressen von Karnevals- kneipen in den Veedeln

Jommer in en andere Kaschämm!
Höhner, »Die Karawane zieht weiter«

(Gehen wir in eine andere Kneipe!)

»Man sollte Imis immer raten, dahin zu gehen, wo ganz viele erfahrene Karnevalisten und Karnevalsfeierer sind – sonst bleibt man immer staunendes Publikum.«
Helmut Frangenberg, Moderator und Sitzungspräsident bei »Loss mer singe« und Mitbegründer von »Jeckespill«

Man sagt zwar, zu Karneval sei ganz Köln eine Party, das stimmt aber nur halb. Viele Ecken, auf die man als Tourist oder Karnevalsneuling automatisch stößt, werden von Kölnern genau aus diesem Grund gemieden. Wer die schöneren Kneipen kennenlernen will, muss sich aus der Altstadt entfernen und in den Veedeln auf Tour gehen – aber da reiht sich eben nicht überall eine Kneipe an die nächste.

Damit Sie nicht ganz hilflos durch die Stadt geistern, um eine Kneipe mit Karnevalsstimmung zu finden, habe ich Ihnen hier ein paar Startpunkte zusammengestellt. Alle diese Kneipen haben eines gemeinsam: In ihnen wird Karneval gefeiert, das heißt, es gibt haufenweise Kostümierte und viele komisch klingende kölsche Lieder. Deswegen habe ich auch nicht bei jeder Kneipe gesondert auf die Musikauswahl hingewiesen. Falls nicht anders angegeben, können Sie eine ordentliche Mischung aus kölschen Karnevalsliedern und dem einen oder anderen Stimmungshit erwarten, ohne dass es dabei zu erheblichen qualitativen Aussetzern kommen sollte – auch wenn sich gelegentliche Abstecher in Richtung Ballermann nicht überall vermeiden lassen werden. Wenn ein Lokal ein besonderes musikalisches Konzept verfolgt (zum Beispiel 100 Prozent kölsche Lieder), wird dies im Eintrag erwähnt.

Bevor ein falscher Eindruck aufkommt: Das hier ist bei Weitem keine erschöpfende Liste aller Kölner Kneipen, in denen man gut Karneval feiern kann. So etwas wäre weder sinnvoll noch machbar. Die Kneipenszene ist in ständiger Bewegung. Lokale kommen in und aus der Mode, manche schließen, andere machen neu auf – und viele Wirte, die sich früher Karneval komplett verweigert haben, fangen inzwischen an, doch mitzumachen.

Betrachten Sie die Liste deshalb als Auswahl. Rundherum befinden sich in der Regel noch weitere Lokale, in denen meist mindestens genauso gute Stimmung herrscht. Wenn Sie an einem Laden vorbeikommen, der einen netten Eindruck macht: Kümmern Sie sich nicht darum, ob er in irgendwelchen Listen auftaucht oder nicht, sondern gehen Sie rein und feiern Sie mit! Falls Sie dabei auf eine Kneipe stoßen, von der Sie meinen, dass sie hier unbedingt auftauchen sollte, oder falls sich umgekehrt herausstellt, dass einige meiner Angaben vollkommener Unsinn sind: Schreiben Sie bitte eine Mail an info@karneval-fuer-imis.de – dann können Ihre Tipps in einer späteren Auflage berücksichtigt werden.

Für Besserwisser:

Kneipensuche auf eigene Faust

Es fühlt sich zugegebenermaßen besser an, eine tolle Kneipe selbst entdeckt zu haben, als sie nur aus einer Liste herauszusuchen. Hier ein paar Tipps, falls Sie selbst auf Pirsch gehen wollen:

– Wenn Sie meinem Rat gefolgt sind und einen erfahrenen Jecken dabeihaben, hat der womöglich einen tollen Tipp, der nicht auf der Liste ist. Vertrauen Sie ihm. Auch und gerade wenn es in einer Gegend ist, für die hier keine Kneipen stehen. Wenn man weiß, wo, kann man in fast allen Veedeln wunderbar feiern.

– Falls Sie keinen Tipp bekommen haben, halten Sie sich grob an die hier vorgestellten Regionen. Es gibt zwar tolle Kneipen in anderen Ecken der Stadt, aber sie liegen oft weit auseinander, und wenn man nicht genau weiß, wo man hinmuss, kann die Suche sehr frustrierend sein.

– Aus demselben Grund: Bleiben Sie im Linksrheinischen lieber innerhalb des Gürtels; es sei denn, Sie befinden sich in Neuehrenfeld, wo sich nahe der Nußbaumer Straße ein Kneipenviertel direkt außerhalb des Gürtels etabliert hat. Meiden Sie als Anfänger die eher karnevalsarme Schäl Sick (= rechte Rheinseite) – es sei denn, Sie wissen ganz genau, wo Sie hinwollen und dass es sich lohnt.

– Wenn Sie unbedingt in völlig fremden Regionen auf Pirsch gehen wollen: Versuchen Sie es am besten entweder zu Weiberfastnacht oder an dem Tag, an dem in der jeweiligen Ecke ein Veedelszoch ansteht. (Also meist entweder Sonntag oder Dienstag. Die genauen Termine sind im Kapitel »D'r Zoch kütt« aufgelistet.) Am Zugtag ist in den Kneipen rund um den Zugweg viel mehr los als an »normalen« Karnevalstagen.

– Überlegen Sie es sich mehrmals, ob Sie reingehen, wenn ein Lokal Eintritt oder Mindestverzehr fordert, schließlich binden Sie sich damit erst einmal an den Laden, bevor Sie wissen, ob es Ihnen drinnen gefällt. Es gibt zwar einige sehr nette Kneipen mit Mindestverzehr, aber noch viel mehr gute Läden, die nicht zu solchen Maßnahmen greifen.

– Bon-Systeme ohne Mindestverzehr können auch lästig sein, sind aber nicht so schlimm. Besonders wenn Kölsch und Bons an derselben Theke verkauft werden, können Sie selbst entscheiden, ob Sie bei

145

jeder Bestellung nach Kleingeld fischen oder lieber ein paar Bons vom einmal gekauften Streifen abzählen wollen.

– Lassen Sie sich nicht vom ersten Eindruck täuschen: Manche Kneipe, die von außen ganz harmlos aussieht, entpuppt sich beim Reingehen als echter Hexenkessel. Umgekehrt gibt es auch Läden, die trotz langer Schlange vor dem Eingang gar nicht so toll sind, wie man gedacht hätte. Wenn Sie also reingehen können, geben Sie ruhig auch unscheinbaren Kneipen eine Chance – verschwinden können Sie jederzeit wieder. Achten Sie dabei auch auf die Uhrzeit. Vielleicht sind Sie einfach noch sehr früh dran, und die Meute kommt noch. Wenn Sie vor der Tür warten müssen, schauen Sie sich das Publikum an, das mit Ihnen wartet, und hören Sie auf die Musik, die drinnen gespielt wird. Dann können Sie entscheiden, ob die Warterei sich lohnt.

– Versuchen Sie nicht, um jeden Preis immer wieder aufs Neue eine neue tolle Kneipe zu finden. Die meisten Jecken sind Gewohnheitstiere und landen Tag für Tag und Jahr für Jahr in denselben Lokalen. Spaß zu haben ist wichtiger als Entdeckerehren, und für »Wiederholungstäter« steigt die Chance, Leute wiederzutreffen, die man kennengelernt hat.

Altstadt

KVB-Haltestellen: Heumarkt, Dom/Hbf

Für Heterosexuelle:

Wenn Sie die Wahl haben, gehen Sie zu Karneval nicht in die Altstadt. Kölner tun es auch nicht. (Außer am 11.11., zu Weiberfastnacht und nach dem Rosenmontagszug.) Zwischen Heumarkt und Philharmonie finden Sie hauptsächlich Menschen, denen es genauso geht wie Ihnen: Imis und Touristen, die nicht wissen, wie man Karneval feiert. Das kann durchaus unterhaltsam sein, aber in anderen Stadtteilen könnten Sie mehr erleben und zahlen dabei auch weniger für die Getränke.

Falls Sie aus irgendwelchen Gründen in der Altstadt feiern wollen oder müssen, kann man schlecht Lokaltipps geben – durch das hohe Touristenaufkommen ändert sich der Charakter der Läden je nach Abend. Gehen Sie am besten einfach zum Alter Markt und entscheiden Sie spontan, in welcher der unzähligen Kneipen die Mischung aus Musik und Publikum am ansprechendsten wirkt.

Für Homosexuelle:

Für Sie sieht die Sache etwas anders aus: Die südliche Altstadt (also jenseits des Heumarkts) ist einer von den beiden Brennpunkten des schwulen Karnevals. Während sich im Bermudadreieck am Rudolfplatz eher die etwas Jüngeren treffen, richten sich die Lokale nahe des Heumarkts traditionell an eine reifere Klientel, aber zu Karneval mischt sich das ganz bunt. Die homosexuelle Szene Kölns ist so groß, dass sich eigene Bücher darüber schreiben ließen. (Das wurde auch schon zur Genüge getan.) Hier daher nur ein paar Startpunkte, von denen aus Sie sich ins Vergnügen stürzen können.

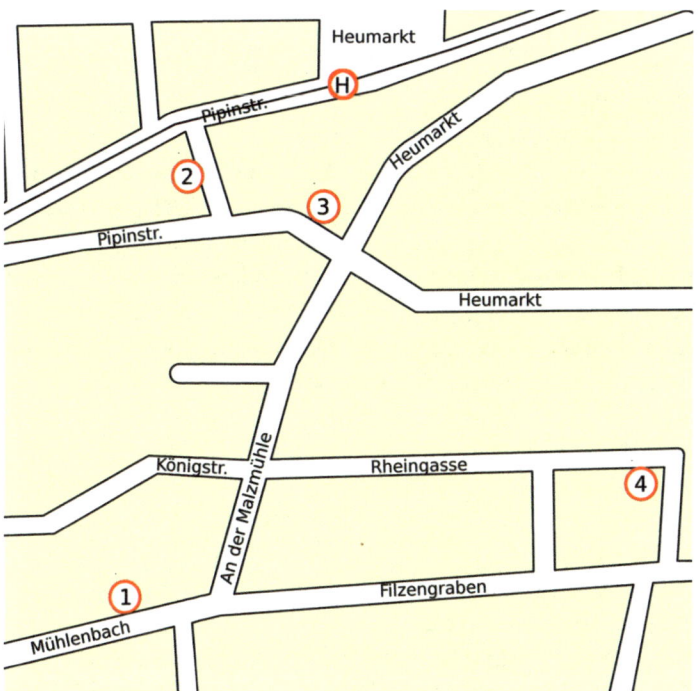

1. Cox

Adresse: Mühlenbach 53

Webseite: www.cox-cologne.de

Beschreibung: In dieser wenig subtil benannten Bar ist durch die Lage direkt am Zugweg vor allem Rosenmontag eine super Stimmung garantiert, aber auch an den anderen Tagen wird hier gut gefeiert.

Publikum: vorwiegend schwul, 35–60 Jahre

Bier: Sion Kölsch

2. Hombres

Adresse: Vor Sankt Martin 12

Webseite: www.hombres-cgn.de

Beschreibung: Schwule Veedelskneipe, die sich trotz jahrelangem U-Bahn-Bau-Chaos direkt am Heumarkt etabliert hat.

Publikum: vorwiegend schwul, 20–60 Jahre

Bier: Gaffel Kölsch

3. P9

Adresse: Pipinstraße 9

Webseite: www.p9cologne.de

Beschreibung: Diese mehrstöckige Mischung aus Kneipe, Bar und Disco hieß früher »Stiefelknecht« und ist einer der Treffpunkte der Kölner Schwulenszene. Für die Karnevalstage 2010 wurde vorübergehend auch das nebenan gelegene legendäre »Hotel Timp« von der P9-Mannschaft gepachtet und wieder geöffnet. Gespielt wird über die Karnevalstage alles, was Stimmung macht, neben Karnevalsmusik natürlich auch viele schwule Szeneklassiker aus der Disco-Ära.

Publikum: vorwiegend schwul, 20–60 Jahre

Bier: Sion Kölsch

4. Zur Zicke

Adresse: Rheingasse 34

Webseite: www.zur-zicke.de

Beschreibung: Leicht plüschige schwule Kölschkneipe, die auch außerhalb der Karnevalszeit mit diversen Events ein Stammpublikum anlockt. An den tollen Tagen gibt's wildes Feiern mit leicht verschwimmenden Geschlechtergrenzen.

Publikum: vorwiegend schwul, 35–60 Jahre
Bier: Sion Kölsch

Südstadt

KVB-Haltestelle: Chlodwigplatz

Kölns linksalternatives Szeneviertel und für viele das Herz des Karnevals. In den Straßen rund um den Chlodwigplatz gibt es eine Unzahl von Lokalen, die sich, trotz teils hoher Imi-Quote, sehr viel vom typischen Karnevalsflair bewahrt haben. Falls Sie am Karnevalssonntag nicht sicher sind, wo abends etwas los ist: In den Kneipen der Südstadt wird an jedem der Karnevalstage gefeiert.

Achtung: Ein beliebter Anfängerfehler in der Südstadt ist es, die Straßen außerhalb des Rings zu ignorieren und sich nur auf die Umgebung der Severinstraße zu konzentrieren. Damit täten Sie sich keinen Gefallen, denn einige der schönsten Karnevalskneipen liegen zwischen Chlodwigplatz und Bonner Wall.

1. Backes

Adresse: Darmstädter Straße 6
Webseite: www.backeskoeln.de
Beschreibung: Sehr geräumige alternative Künstlerkneipe, die sich im Laufe der letzten 25 Jahre zur Fastelovendsinstitution entwickelt hat: Karnevalsstammgäste reisen zum Teil von weit her an, um hier zu hauptsächlich kölscher Musik zu feiern. Der Laden ist inzwischen so beliebt, dass man früh da sein sollte, um nicht zu lange in der Schlange zu stehen. Wegen des großen Andrangs gibt es auch schon mal Garderobenzwang: Man muss seine Jacke abgeben (Kostenpunkt im Jahr 2010: zwei Euro), bevor man hineindarf. Das kann unpraktisch sein, wenn man sich nicht sicher ist, ob man lange bleiben will, hat aber den großen Vorteil, dass man sich drinnen nicht darum sorgen muss, ob es den eigenen Klamotten noch gut geht.

Publikum: 25–40 Jahre
Bier: Reissdorf Kölsch

2. Haus Müller

Adresse: Achterstraße 2

Beschreibung: Für den Ortsunkundigen etwas versteckt gelegen, aber äußerst beliebt – das Haus Müller mag zwar groß sein, aber es ist sehr schnell voll, und zwar richtig voll. Wie die meisten Karnevalskneipen nichts für Leute mit Platzangst. Drinnen gibt es typisch kölsche Karnevalsmusik.

Publikum: 25–45 Jahre

Bier: Sion Kölsch

3. Kartöffelchen

Adresse: Darmstädter Straße 9

Webseite: www.kartoeffelchen.de

Beschreibung: Ein noch recht junges Lokal, aber durch die günstige Lage (gegenüber vom Backes) und die konsequent gute kölsche Musikauswahl schon jetzt eine beliebte Karnevalsadresse – auch hier lohnt es sich, früh da zu sein.

Publikum: 25–45 Jahre

Bier: Früh Kölsch

4. Litho

Adresse: Teutoburger Straße 17

Webseite: www.restaurant-litho.de

Beschreibung: Sehr beliebte und alteingesessene Südstadtkneipe. Weil es auch an den ruhigeren Karnevalstagen gern voll wird, wurde inzwischen auch hier Garderobenzwang eingeführt.

Publikum: 25–45 Jahre

Bier: Sion Kölsch

5. Severin

Adresse: Severinstraße 28

Webseite: www.gaststaette-severin.de

Beschreibung: Der Name hat doppelte Berechtigung. Das Severin liegt an der Severinstraße und neben der Severinskirche. Durch die prominente Lage ist es auch gern gut gefüllt – rechnen Sie mit einer gewissen Wartezeit, wenn Sie nicht rechtzeitig da sind. Die Mischung ist dabei recht bunt: Kölsche und Imis, Studenten und Senioren, hier feiern alle zusammen.

Publikum: 25–60 Jahre

Bier: Dom Kölsch

6. Spielplatz

Adresse: Ubierring 58

Webseite: www.spielplatz-lokal.de

Beschreibung: Kult-Kneipe für die FH-Studenten in der Südstadt. Der Spielplatz ist an den meisten Karnevalstagen gerammelt voll – besonders zu Weiberfastnacht sind Wartezeiten von einer Stunde und

mehr möglich, wenn man nicht früh genug da ist. Wer reingekommen ist, kapiert, wieso das Lokal so beliebt ist: Das Publikum ist sehr nett und in bester Feierlaune. Achtung: Es kann sein, dass Eintritt oder Mindestverzehr verlangt werden – wer das gar nicht möchte, sollte auf jeden Fall an der Tür nachfragen, bevor er sich anstellt.
Publikum: 20–35 Jahre
Bier: Sion Kölsch

7. Ubierschänke:
Adresse: Ubierring 19
Webseite: www.ubierschaenke-koeln.de
Beschreibung: Spätestens, wenn alles andere zuhat, werden Sie hier landen. In der Ubierschänke geht es selbst am Aschermittwochmorgen noch bis 7 Uhr rund. Das rustikale Interieur scheint direkt aus den 50er Jahren zu stammen, und im weitläufigen Innenraum ist Platz für viele durstige Jecken.
Publikum: ab Mitte 30 aufwärts
Bier: Sion Kölsch

8. Wirtz
Adresse: Isabellenstraße 1
Webseite: www.wirtz-koeln.de
Beschreibung: Einer der typischen Karnevalstreffpunkte im Veedel – und daher trotz großer Säle gern schnell voll. Besonders zu Weiberfastnacht kann man sich, wenn man überhaupt reinkommt, nur mit Mühe durch die Massen schieben.
Publikum: 20–45 Jahre
Bier: Gaffel Kölsch

Kwartier Latäng I Zülpicher Viertel

KVB-Haltestellen: Zülpicher Platz, Barbarossaplatz

Das Dreieck zwischen Zülpicher Platz, Barbarossaplatz und Südbahnhof hat viele Namen – »Kwartier Latäng« (nach dem Pariser Studentenviertel »Quartier Latin«) ist etwas aus der Mode gekommen,

»Zülpicher Viertel« ist gebräuchlicher, viele sagen aber auch einfach »Zülpicher Straße« – die geht zwar noch viel weiter raus, und einige der beliebteren Kneipen des Viertels sind auch in den Nachbarstraßen der Zülpicher, aber wenn Sie einem Kölner sagen, dass Sie auf der Zülpicher Straße feiern gehen, weiß er genau, wovon Sie reden.

Im Zülpicher Viertel reiht sich eine Kneipe an die andere – und die meisten spielen zu Karneval eine Mischung aus Chart-Hits, ewig aktuellen Partyliedern und den bekanntesten Karnevalsliedern. Manche reichern ihr Programm noch mit Ballermann-Musik an. Fast allen gemein ist ein Publikum, das – ähnlich wie in der Altstadt – so gut wie ausschließlich aus Imis besteht, die nicht wissen, wie Karneval funktioniert, und lieber mit ihrer kleinen Gruppe feiern als mit dem ganzen Laden. Am späteren Abend kann es dann auch mal unangenehm werden, weil zu viele zu betrunkene Menschen zu nah beieinander sind, und wegen zunehmender Freiluftbesäufnisse ist seit einigen Jahren die Straße zwischen Zülpicher Platz und Südbahnhof für den Verkehr gesperrt.

Wenn es Ihnen um Party und Tanzen geht und nicht um originär kölschen Karneval, haben Sie in dieser Ecke, ähnlich wie in der Altstadt, eine riesige Auswahl an Kneipen, die alle proppenvoll sind. Ich gehe aber einfach mal davon aus, dass Ihnen schon etwas am Besonderen liegt, das Karneval in Köln ausmacht – und das erleben Sie in vielen Kneipen im Zülpicher Viertel eher nicht. Hier jedoch ein paar Läden des Party-Veedels, die sich trotz allem einen eigenen Karnevalscharakter bewahrt haben.

1. Bei Oma Kleinmann

Adresse: Zülpicher Straße 9
Webseite: www.beiomakleinmann.de
Beschreibung: Bis vor Kurzem war die namensgebende Oma Kleinmann tatsächlich noch Geschäftsführerin des Lokals. Ihr Wohnzimmer lag quasi direkt neben der Kneipe, und auch in hohem Alter gab sie ab und zu selbst einmal ein Lied zum Besten. Die typische Veedelskneipen-Atmosphäre und das für Zülpicher-Straßen-Verhältnisse sehr mitsingfreudige Publikum waren in dieser Ecke etwas Besonderes. Anfang 2010 verstarb Oma Kleinmann leider – doch das Lokal bleibt weiter geöffnet und

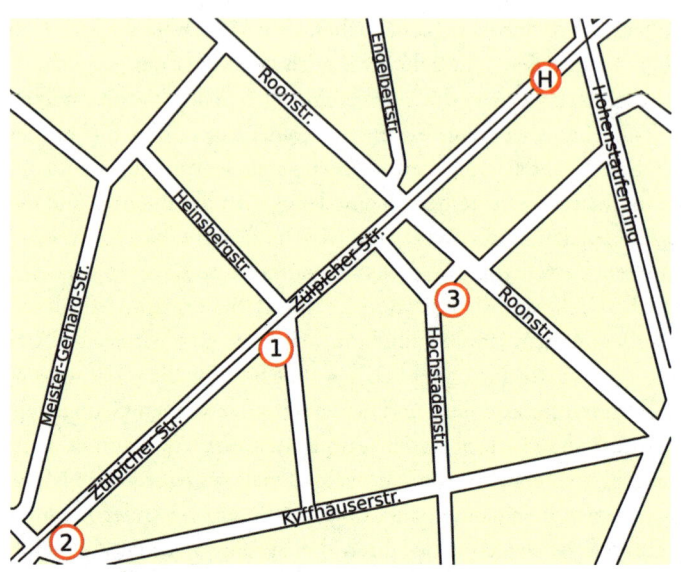

wird hoffentlich auch ohne sie noch lange seinen alten Charakter bewahren.

Publikum: studentisch, 20–35 Jahre
Bier: Sünner Kölsch

2. Filmdose

Adresse: Zülpicher Straße 39
Webseite: www.filmdose-koeln.de
Beschreibung: Eine Kneipe mit langer Geschichte. Eröffnet wurde sie von Wally Bockmayer, der hier seine ersten Stücke auf die überraschend kleine Bühne brachte. Während Bockmayer seine Stücke längst anderswo inszeniert, gibt es hier auch heute noch immer wieder einmal absurd-kölsche Boulevardtheateraufführungen. Natürlich nicht zu Karneval. Da mischen sich stattdessen Stammgäste mit Studenten und anderen Feierwütigen und tanzen zu Karnevals- und Partyhits.

Publikum: 20–45 Jahre
Bier: Gilden Kölsch

3. Museum

Adresse: Zülpicher Platz 9

Webseite: www.museum-kneipe.de

Beschreibung: Diese geräumige Kneipe auf zwei Ebenen ist eine Bastion gegen den Ballermann-Sauf-Karneval, der große Teile des Veedels fest im Griff hat: Der Wirt des Museum setzt ganz klar auf kölsche Musik im Geiste des »Loss mer singe«-Publikums und fährt damit sehr gut: Wer nicht rechtzeitig da ist, muss auch hier Schlange stehen. Zu trinken gibt es Hellers Kölsch, das einzige Bio-Kölsch.

Publikum: 25–45 Jahre

Bier: Hellers Kölsch

Sülz

KVB-Haltestellen: Weißhausstraße, Sülzburgstraße, Sülzgürtel

Wenn man das laute Zülpicher Viertel hinter sich lässt, gelangt man – nachdem man den inneren Grüngürtel gekreuzt hat – stadtauswärts nach Sülz. Wegen der großen Nähe zur Uni wohnen hier eine Menge Studenten, doch das Publikum in den Kneipen ist recht bunt gemischt. Sülz ist, anders als etwa die Südstadt, kein »klassisches« Karnevalsviertel. Gerade freitags und sonntags ist nicht so viel los, einige Lokale haben dann sogar ganz geschlossen. Für die Ersterkundung empfehlen sich daher hauptsächlich Donnerstag und Samstag.

1. ABS

Adresse: Gottesweg 135

Webseite: www.abs-catering.com

Beschreibung: Außerhalb der Karnevalszeit ist das ABS eine Bar mit oft eher elektronischen, sanften Klängen, trotzdem ist es sich nicht zu cool, Karneval mitzufeiern. Im Gegenteil: Die Betreiber haben mit ihrer ausgewogenen Mischung aus 80 Prozent kölschen Karnevalsklassikern und 20 Prozent modernen Party-Hits so manchen Karnevalsskeptiker zum jecken Stammgast gemacht. Selbst bei

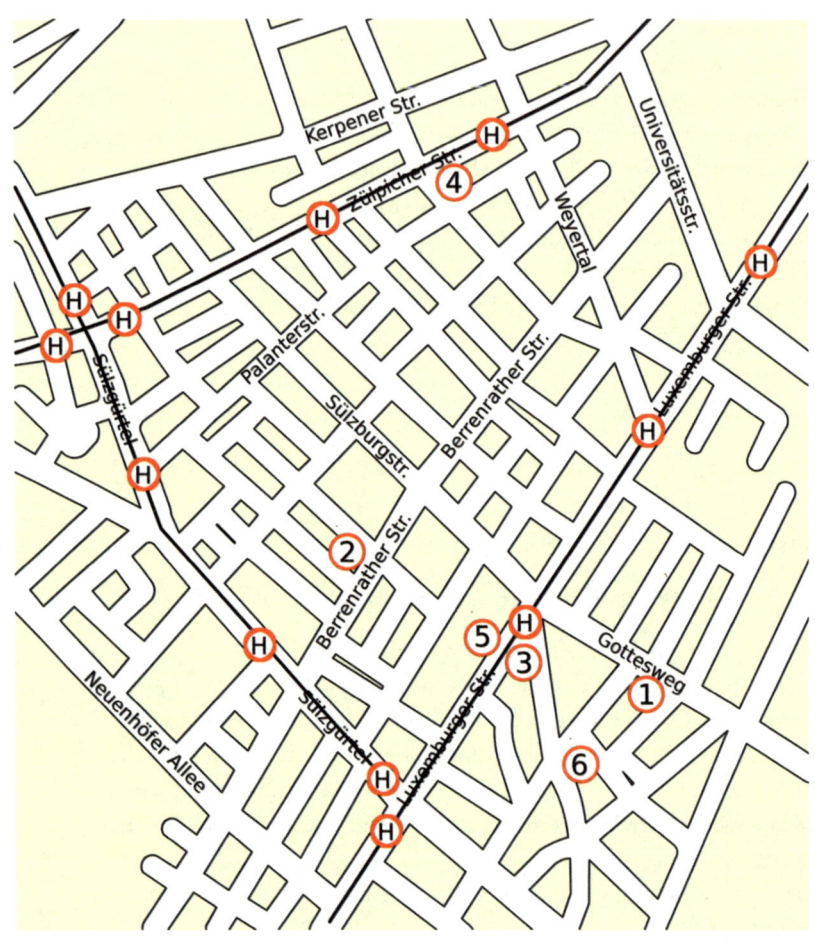

Robbie Williams oder den Black Eyed Peas feiert dieser Laden karnevalstypisch gemeinsam und nicht in kleinen Grüppchen. Das gefällt natürlich: Rechnen Sie mit Warteschlangen vor dem Eingang, auch an den »ruhigen« Tagen.

Publikum: 25–50 Jahre

Bier: Gaffel Kölsch

2. Berrenrather

Adresse: Berrenrather Straße 330

Webseite: www.berrenrather.de

Beschreibung: Dieses Ecklokal gehört demselben Besitzer wie der Petersberger Hof. Hier ist die Warteschlange aber trotz gutem Publikumszuspruchs deutlich kleiner, und drinnen hat man gute Chancen, auch Platz zum Tanzen zu haben.

Publikum: 30–50 Jahre

Bier: Sion Kölsch

3. Eckstein

Adresse: Siebengebirgsallee 2

Beschreibung: Direkt gegenüber vom chronisch überfüllten Haus Unkelbach liegt diese sympathische Kneipe, in der man auch am Karnevalsfreitag gute Chancen hat, dass genügend Leute da sind. Die Musikauswahl ist guter Durchschnitt, die Atmosphäre sehr angenehm.

Publikum: 25–45 Jahre

Bier: Sion Kölsch

4. Haus Demmer

Adresse: Zülpicher Straße 247

Beschreibung: Eine nette Eckkneipe in der Nähe der Uniklinik – mit viel Platz zum Tanzen. Schlange stehen muss man vor allem Weiberfastnacht, an den anderen Tagen kann es auch passieren, dass man direkt reinkommt. Aber auch wenn es nicht überfüllt ist, herrscht drinnen tolle Stimmung. Gespielt werden Karnevalslieder, ab und zu auch Schlager. Am Karnevalssonntag wird traditionell ein Mitsingabend veranstaltet.

Publikum: 25–45 Jahre

Bier: Reissdorf Kölsch

5. Haus Unkelbach

Adresse: Luxemburger Straße 260

Webseite: www.hausunkelbach.de

Beschreibung: Ein Phänomen! Schon Stunden bevor das Haus Unkelbach aufmacht, bildet sich die Warteschlange vor dem Eingang.

Und egal, wann man vorbeikommt oder wie nett die umliegenden Kneipen aussehen: Vor dem Haus Unkelbach stehen die Leute an – zum Teil mehrere Stunden. Drinnen ist auch wirklich Stimmung auf mehreren Etagen, und das Kölsch ist auch bei großem Andrang immer frisch und kalt. Ob das allerdings die Warterei im Vorfeld rechtfertigt, muss jeder für sich selbst entscheiden.

Publikum: 25–45 Jahre
Bier: Reissdorf Kölsch

6. Petersberger Hof

Adresse: Petersbergstraße 41
Webseite: www.petersbergerhof.de
Beschreibung: Nicht ganz so voll wie das Haus Unkelbach, aber auch im Petersberger Hof gehört langes Anstehen einfach dazu. Wenn man aber mal drin ist, gibt's als Belohnung auch eine tolle Stimmung.

Publikum: 25–45 Jahre
Bier: Sion Kölsch

Bermudadreieck

KVB-Haltestelle: Rudolfplatz

Das Bermudadreieck ist der zweite schwul-lesbische Schwerpunkt in Köln, und seine Grenzen lassen sich nicht viel genauer definieren als »In den Straßen rund um den Rudolfplatz.« Hier trifft sich vorwiegend die jüngere Szene, und schon an normalen Wochenenden wird bis in die Nacht gefeiert – zu Karneval natürlich erst recht.

1. Brennerei Weiß

Adresse: Hahnenstraße 22
Webseite: www.brennereiweiss.de
Beschreibung: Kölns schwulstes Brauhaus – nicht etwa verborgen in einer Seitenstraße, sondern als deutliches Signal für Toleranz und Gleichberechtigung mitten an einer der belebtesten Kreuzungen

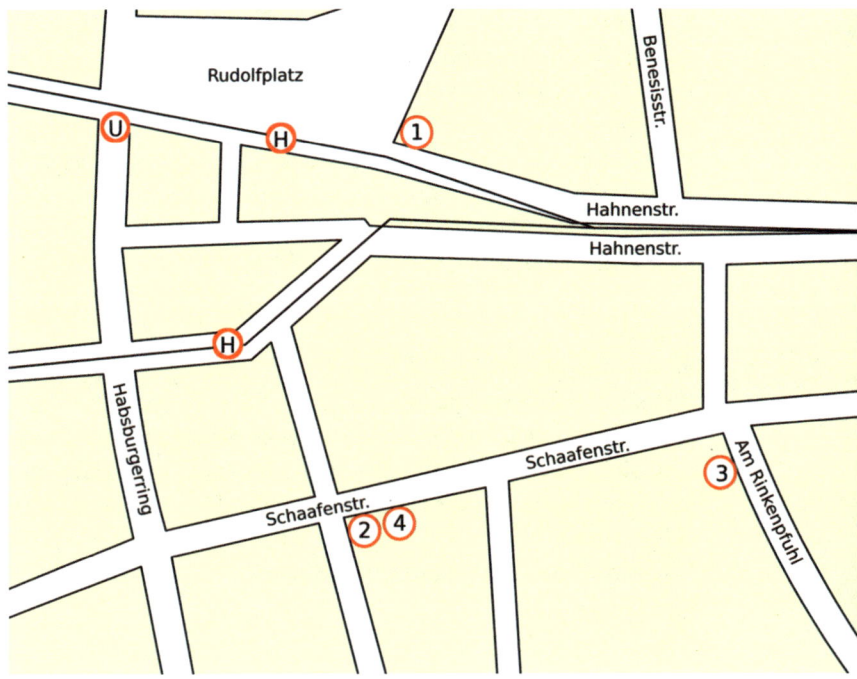

der Stadt. Der Laden ist allerdings zu Karneval so beliebt, dass man früh da sein sollte, sonst muss man Schlange stehen.

Publikum: vorwiegend schwul, 20–60 Jahre

Bier: Gilden Kölsch

2. ExCorner

Adresse: Schaafenstraße 57–59

Webseite: www.excorner.de

Beschreibung: Diese Eckkneipe, oft auch einfach nur »Corner« genannt, ist das Epizentrum der schwulen Kneipenszene des Bermudadreiecks – natürlich auch zu Karneval. Wenn es einen Ort gibt, wo garantiert etwas los ist, dann hier.

Publikum: vorwiegend schwul, 20–45 Jahre

Bier: Gaffel Kölsch

3. Maxbar

Adresse: Am Rinkenpfuhl 51
Webseite: www.lithowerk.de/maxbar
Beschreibung: In erotischem Rot gehaltene schwule Cocktailbar, 2009 mit dem Szenepreis »Goldener Rik« als beste Bar des Jahres ausgezeichnet.
Publikum: 25–45 Jahre
Bier: Sünner Kölsch

4. Mumu

Adresse: Schaafenstraße 51
Webseite: www.die-mumu.de
Beschreibung: Junge und verrückte schwule Kneipe, die das ganze Jahr über haufenweise Events veranstaltet und regelmäßig mit Szenepreisen belohnt wird. Bietet auch einen Hausschnaps an, den »Mumu-Saft«.
Publikum: vorwiegend schwul, 20–35 Jahre
Bier: Gilden Kölsch

Friesenviertel | Belgisches Viertel

KVB-Haltestellen: Friesenplatz, Rudolfplatz

Das Friesenviertel hat sich stark gewandelt – früher war hier Rotlichtmilieu, heute findet man in den Nebenstraßen teure, innenstadtnahe Wohnungen, während die Friesenstraße selbst zur beliebten Kneipenmeile geworden ist: Etwas trendiger als das Zülpicher Viertel, nicht so klassisch kölsch wie die Südstadt. Dementsprechend findet sich hier zu Karneval eine gute Mischung – Brauhauskarneval und klassischer Kneipenkarneval ebenso wie Partymusik in Trendbars. Tolle Stimmung herrscht jedenfalls überall, und die Auswahl an Lokalen ist riesig. Im angrenzenden Belgischen Viertel liegen die Kneipen ein wenig weiter auseinander als auf der Friesenstraße – aber auch dort wird kräftig gefeiert. Hier, wie üblich, nur eine kleine Auswahl. Rund herum gibt's – gerade auf der Friesenstraße – noch viel mehr.

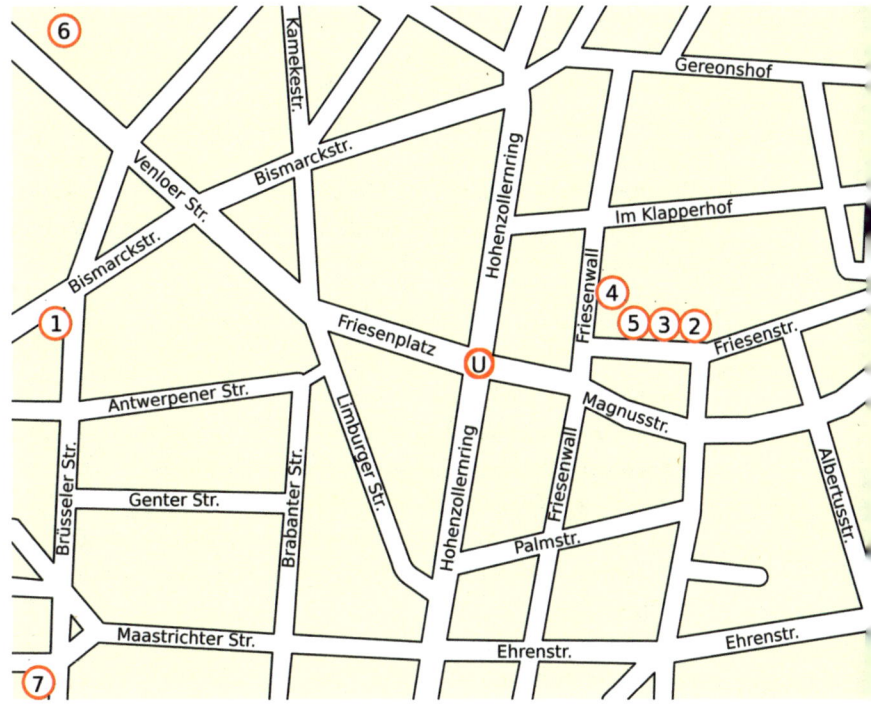

1. Alcazar

Adresse: Bismarckstraße 39a

Webseite: www.alcazar-koeln.de

Beschreibung: Sehr beliebter Karnevalsladen! Zum Glück sorgen die Türsteher dafür, dass man drinnen nicht erdrückt wird, sondern entspannt feiern kann. Wer draußen warten muss, kann auch dabei schon Kölsch trinken: Das Alcazar hat zu Karneval auch Außenverkauf. Getanzt und gesungen wird zu Karnevalsliedern und Partymusik.

Publikum: 30–50 Jahre

Bier: Gilden Kölsch

2. Goldfinger

Adresse: Friesenstraße 54–56

Webseite: www.goldfinger-koeln.de

Beschreibung: Cocktailbar, die an den tollen Tagen zur Karnevals-kneipe mit eigenem Festzelt mutiert. Spätestens seit der Wiederer-öffnung im Jahr 2006 hat das Goldfinger eine treue Fangemeinde. Der Andrang zu Karneval ist regelmäßig riesig – also entweder früh da sein oder Schlange stehen.

Publikum: 25–45 Jahre

Bier: Gilden Kölsch

3. Heising und Adelmann

Adresse: Friesenstraße 58–60

Webseite: www.heising-und-adelmann.de

Beschreibung: Die meiste Zeit des Jahres ist das Heising und Adel-mann ein stilvoll-modern eingerichtetes Restaurant mit Bar. Zu Kar-neval wird es richtig eng, und der DJ spielt eine gute Musikauswahl kölscher Klassiker.

Publikum: 30–50 Jahre

Bier: Gaffel Kölsch

4. Päff

Adresse: Friesenwall 130

Webseite: www.paeff.com

Beschreibung: Diese kurios eingerichtete Kneipe wurde schon in den 1970er Jahren zum Kult. Ihren Namen hat sie vom Päffgen Kölsch, das den Ruf hat, eine der besten Kölschsorten zu sein. Päffgen wird nicht in Getränke- oder Supermärkten verkauft, sondern ist nur in einer Handvoll Kneipen zu bekommen. Unter anderem eben hier. Zu Karneval wird eine Mischung aus Karnevals- und Partyliedern gespielt. Achtung: Auch hier wird's voll.

Publikum: 25–45 Jahre

Bier: Päffgen Kölsch

5. Päffgen Brauhaus

Adresse: Friesenstraße 64–66

Webseite: www.paeffgen-koelsch.de

Beschreibung: Das Mutterhaus des Päffgen Kölsch! Hier wird es gebraut und größtenteils auch gleich wieder getrunken. Ein sehr weitläufiges Brauhaus, sodass man trotz Karnevalsandrangs gute Chancen hat, reinzukommen. Karnevalssonntag sind die Chancen sehr groß, dort die »Ahl Säu« zu erleben, eine legendäre kölsche Samba-Trommler-Gruppe, die dem Laden richtig einheizt.

Publikum: 30–60 Jahre

Bier: Päffgen Kölsch

6. Stadtgarten

Adresse: Venloer Straße 40

Webseite: www.stadtgarten.de

Beschreibung: Eher Großveranstaltung als Kneipe. Hier wird in Schankraum, Keller und Konzertsaal gefeiert. Je nach Raum kann man zwischen Schlager- und Karnevalsmix oder nicht-jeckem musikalischem Alternativprogramm wählen. Gut geeignet für große Gruppen, die sich nicht auf einen Musikgeschmack einigen können, aber intime Kneipenatmosphäre kommt hier nicht auf, weil in so großen Sälen eben doch die Grüppchen für sich feiern.

Publikum: 20–40 Jahre

Bier: Gilden Kölsch

7. St. Michael

Adresse: Brüsseler Platz 1

Beschreibung: Veedelskneipe mit netter Atmosphäre. Gut gefüllt mit Publikum, das zu typischer Karnevalsmusik feiert. Ausgesprochen wird der Laden übrigens klassisch deutsch, also »Sankt Michael«, nicht etwa englisch »Saint Michael«.

Publikum: 25–45 Jahre

Bier: Gaffel Kölsch

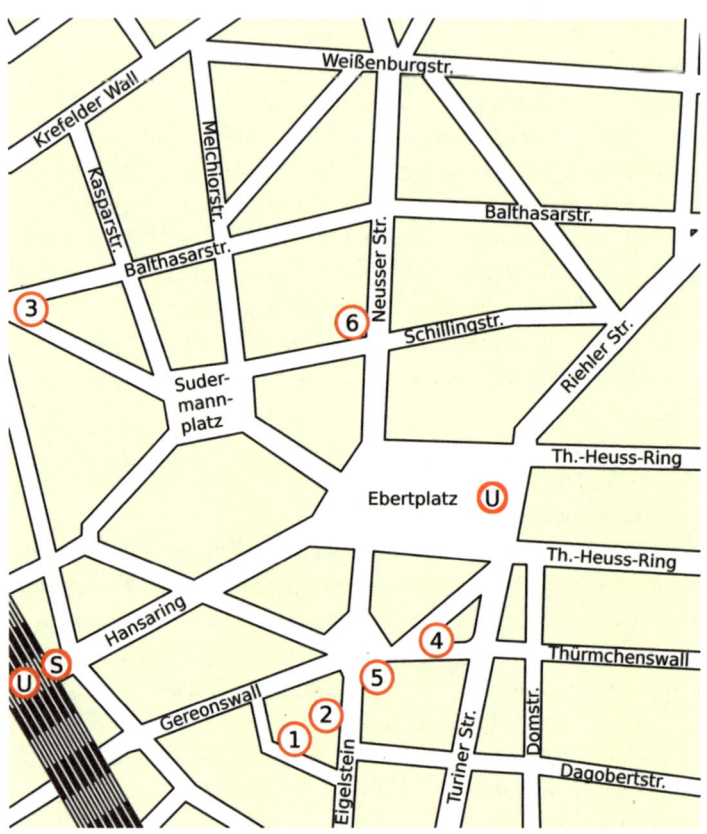

Eigelstein | Agnesviertel

KVB-Haltestellen: Hansaring, Ebertplatz

Einst war der Eigelstein ein ärmliches Arbeiterviertel mit ganz eigenem Charme – der bekannte Kölner Fotograf Chargesheimer hielt Impressionen des Lebens dort fest, kurz bevor nach dem Krieg die Nord-Süd-Fahrt das Veedel gnadenlos zerschnitt und unwiderruflich veränderte. Der Ostteil bis zum Rheinufer wurde ein gesichtsloses Wohn- und Geschäftsviertel, im Westteil rund um den Eigelstein siedelten sich vor allem türkische Gastarbeiter an.
Nördlich des Ebertplatzes schließt sich das Agnesviertel an, so genannt nach der Agneskirche mittendrin. Das Viertel wurde als Teil

der Stadterweiterung Neustadt-Nord Ende des 19. Jahrhunderts gegründet und beherbergt entlang der Neusser Straße einige empfehlenswerte Brauhäuser.

1. Anno Pief

Adresse: Im Stavenhof 8

Webseite: www.anno-pief.de

Beschreibung: Ein versteckt gelegenes Kuriosum! Außerhalb der Karnevalszeit fällt es nicht schwer, am Anno Pief vorbeizugehen, ohne es zu bemerken, so unscheinbar ist die Eingangstür. Zu Karneval passiert das kaum, denn da grölt der ganze Laden zu kölscher Musik in voller Lautstärke. Und zwar ausschließlich zu kölscher Musik – die Betreiber sind stolz darauf, zu Karneval nichts anderes zu spielen. Das kommt so gut an, dass der Laden gerammelt voll ist. Achtung: Es kann passieren, dass der Gastraum wahnsinnig überfüllt ist. Schon das Durchqueren des Raumes macht Mühe, an Tanzen ist auch nicht zu denken. Wenn Sie hineinschauen wollen: Nehmen Sie nicht die Tür, die direkt in den Gastraum führt, sondern gehen Sie durch den Flur an der Treppe vorbei. Dort ist ein kleiner Innenhof, von dem aus Sie sich besser ins Getümmel stürzen können.

Publikum: studentisch, 20–30 Jahre

Bier: Sion Kölsch

2. Em Kölsche Boor

Adresse: Eigelstein 121

Webseite: www.koelscheboor.com

Beschreibung: Überraschend großes Brauhaus. An volleren Karnevalstagen wird unter Umständen ein ziemlich happiger Mindestverzehr verlangt – das muss man sich nicht unbedingt antun. Aber an den Tagen, an denen man ohne Eintritt hineinkann, ist die Atmosphäre durchaus einen Besuch wert. Das Haus ist so groß, dass ältere Jecken hier an Tischen sitzend den Trubel genießen können, während um sie herum jüngere Leute und Touristen auf dem Weg zur Party im hinteren Saal sind. Hier können sich auch große Gruppen problemlos treffen.

Publikum: 30–60 Jahre

Bier: Gaffel Kölsch

3. Gezeiten

Adresse: Balthasarstraße 1

Webseite: www.gezeiten-koeln.de

Beschreibung: Achtung! Männer dürften sich hier deplatziert fühlen. Das Gezeiten ist die Kult-Bar der lesbischen Szene Kölns, mit Highlife auch im Fastelovend: Das Karnevalskaraoke am Freitag ist inzwischen eine Kultveranstaltung in der Szene, und natürlich wird am Dienstag standesgemäß kein Nubbel verbrannt, sondern eine Nubbelin.

Publikum: vorwiegend lesbisch, 20–60 Jahre

Bier: Gaffel Kölsch

4. Kattwinkel

Adresse: Greesbergstraße 2

Webseite: www.kattwinkel-cologne.de

Beschreibung: Direkt um die Ecke vom Lapidarium liegt dieser beliebte Szenetreff am Eigelstein. Das Publikum ist zu Karneval bunt gemischt, und der engagierte DJ tut sein Übriges, um für Stimmung zu sorgen. Spätestens seitdem das Kattwinkel im Laufe der Session sogar seine eigene Karnevalssitzung veranstaltet, ist es in der Liga der Top-Karnevalskneipen angekommen.

Publikum: 25–50 Jahre

Bier: Gilden Kölsch

5. Lapidarium

Adresse: Eigelstein 118

Webseite: www.lapi-koeln.de

Beschreibung: Die urig-rustikal eingerichtete Kneipe (Selbstbeschreibung: »Kölns erste Kneipe ohne Schnäpse«) ist der offizielle Geburtsort von »Loss mer singe«. Hier fand das erste Karnevalseinsingen statt, und inzwischen ist das Lapidarium regelmäßiger Veranstaltungsort für kölsche Konzerte. Dementsprechend kann man auch nicht über die musikalische Qualität meckern – eher schon über den Andrang. Wer nicht ganz früh da ist, muss traditionell Ewigkeiten vor dem Lokal warten. Empfiehlt sich entweder als erstes Ziel des Abends oder für einen Besuch nach Mitternacht, wenn der Ansturm sich legt.

Publikum: viele Studenten, 20–40 Jahre
Bier: Gaffel Kölsch

6. Wirtshaus Spitz

Adresse: Neusser Straße 23
Webseite: www.wirtshaus-spitz.de
Beschreibung: Eine der besten Adressen, um Brauhauskarneval zu feiern. Das Lokal ist so groß, dass es selten eine längere Schlange gibt. Vorn in der Schwemme ist normalerweise genug Platz, um kurz durchzuatmen; hinten, im etwas finsteren Saal, herrschen an jedem Karnevalstag Gedränge und tolle Stimmung – nicht zuletzt, weil die DJs sehr gute Arbeit leisten.
Publikum: 25–60 Jahre
Bier: Gaffel Kölsch

Nippes

KVB-Haltestellen: Lohsestraße, Florastraße

Dieser nördliche Stadtteil hat seine Wurzeln in einer mittelalterlichen Siedlung. Er wuchs aber erst richtig, nachdem er – wie so viele andere Ecken rund um die Stadt – im Zuge der Erweiterung Kölns Ende des 19. Jahrhunderts eingemeindet wurde. Ursprünglich gab es hier viele Arbeitersiedlungen, aber nachdem die großen Industriebetriebe im Veedel inzwischen umgezogen oder geschlossen sind, hat sich der Charakter verändert. Heute ist Nippes bei Studenten und jungen Familien sehr beliebt. Für Jecken hat Nippes auch einiges zu bieten: Hier geht der Straßenkarneval jedes Jahr ein bisschen früher los als im Rest der Stadt! Traditionell eröffnet die Nippeser Bürgerwehr das Weiberfastnachtstreiben bereits um 9 Uhr 11 auf dem Wilhelmplatz. Logischerweise ist es danach in so gut wie allen Kneipen voll, aber auch an den anderen tollen Tagen ist in vielen Läden des Veedels etwas los.

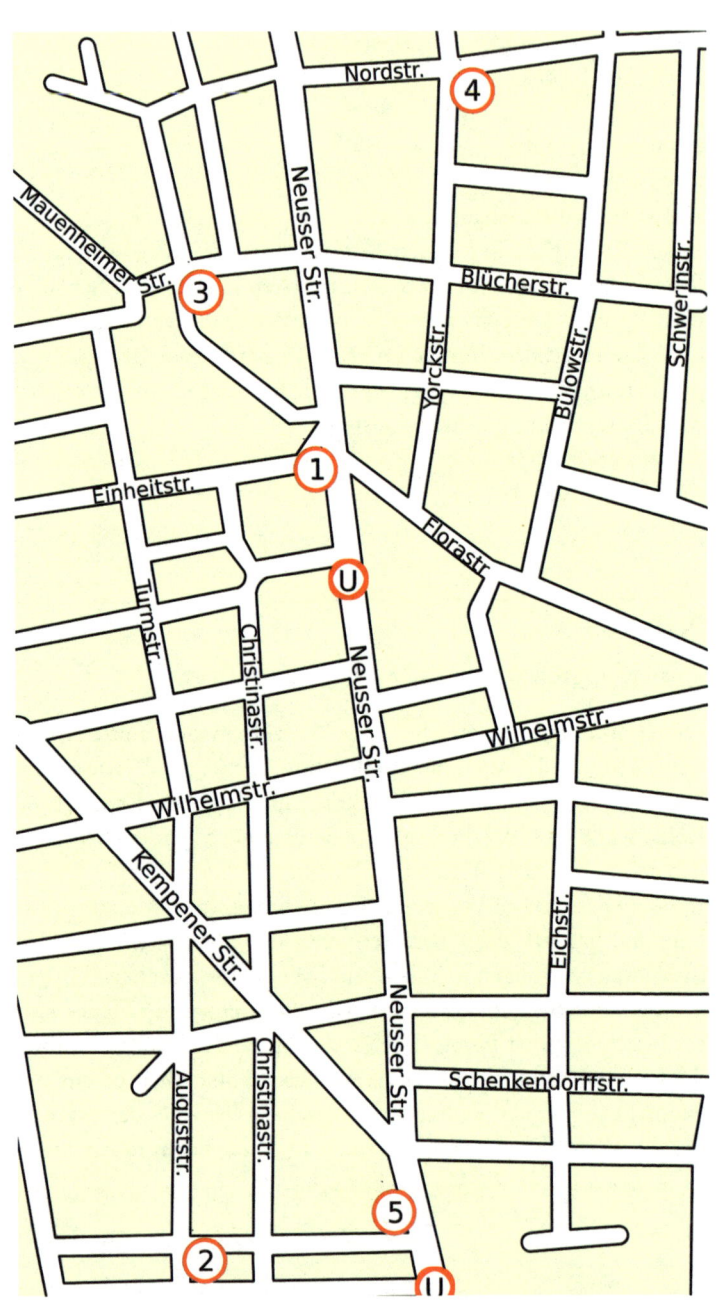

1. Em Golde Kappes

Adresse: Neusser Straße 295

Webseite: www.emgoldekappes.de

Beschreibung: Der frisch renovierte Kappes hat den typischen Brauhauseffekt: Innen viel größer als außen. Wer hier zu den Toiletten will, kann sich unterwegs fast in den Jeckenscharen verlaufen. An die gemütliche und zu Karneval gut gefüllte Schwemme schließen sich weitläufige helle Räumlichkeiten an, in denen kräftig zu Karnevalsliedern, Partyhits und Schlagern gefeiert wird. Hier ist genug Platz, um sich auch mit großen Gruppen zu treffen, wenn auch in nicht ganz so kuschelig-intimer Stimmung wie in kleineren Kneipen.

Publikum: 25–60 Jahre

Bier: Früh Kölsch

2. Gasthaus im 1/4

Adresse: Holbeinstraße 35

Webseite: www.gasthaus-im-viertel.de

Beschreibung: Der Name ist zwar noch recht neu, aber das Lokal ist schon eine feste Größe in Nippes: Nach vorherigen Inkarnationen als »Feez« und »4 Grad«, firmiert es jetzt als »Gasthaus im 1/4«. Durch die Teilnahme bei der »Loss mer singe«-Einsingtour ist die Kneipe auch jenseits des Veedels bekannt und an Fastelovend gut gefüllt mit Jecken, die zu Karnevalsmusik und gelegentlichen Schlagern feiern. Das Personal kann gut und freundlich mit dem Andrang umgehen, und es herrscht eine sehr nette Atmosphäre. Der großzügig geschnittene Saal führt leider manchmal zur Grüppchenbildung, weil einfach zu viele Leute um einen herum sind, um wirklich mit dem ganzen Laden zu feiern.

Publikum: 20–40 Jahre

Bier: Früh Kölsch

3. Gernot's

Adresse: Mauenheimer Straße 32

Webseite: www.gernots.com

Beschreibung: Diese etwas abseits der Neusser Straße gelegene Eckkneipe ist besonders zu Weiberfastnacht bei jungen Leuten beliebt – durch die großen Fenster kann man beim Schlangestehen

schon mal einen Eindruck vom Geschehen drinnen bekommen.
Musikalisch wird solide Karnevalskost geboten.

Publikum: 20–30 Jahre
Bier: Gaffel Kölsch

4. Reuber

Adresse: Yorckstraße 32
Webseite: www.reubers.de
Beschreibung: Eine der beliebtesten Karnevalskneipen im Veedel.
Wer zum Reuber will, sollte früh da sein oder sich auf Warten ein-
stellen. Das lohnt sich allerdings: Hier feiert der ganze Laden in
sehr netter Atmosphäre und zu einer guten kölschen Musikauswahl. Der Name ist übrigens kein Beispiel für kreative Orthografie,
sondern schlicht der Nachname des Inhabers.

Publikum: 25–45 Jahre
Bier: Sion Kölsch

5. Zum Kornbrenner

Adresse: Neusser Straße 171
Beschreibung: Diese ehemalige Schnapsbrennerei bietet in ihren Sälen eine angenehme Atmosphäre irgendwo zwischen Brauhaus und
Kneipe. Zu Karneval sehr beliebt, deswegen kann es schon passieren, dass man als Nichtstammgast erst einmal draußen warten muss
und die kölschen Tön' nur von draußen hören kann. Besonders mit
großen Gruppen sollte man früh da sein, sonst kann es schwierig
werden, noch hineinzukommen.

Publikum: 30–50 Jahre
Bier: Sünner Kölsch

Ehrenfeld | Neuehrenfeld

KVB-Haltestellen: Venloer Straße/Gürtel, Liebigstraße,
Subbelrather Straße/Gürtel, Nußbaumerstraße/Gürtel

Ehrenfeld ist aus Karnevalssicht ein Kuriosum: Der größte Veedelszoch der Stadt, mit »Fatal Banal« eine der bissigsten alternati-

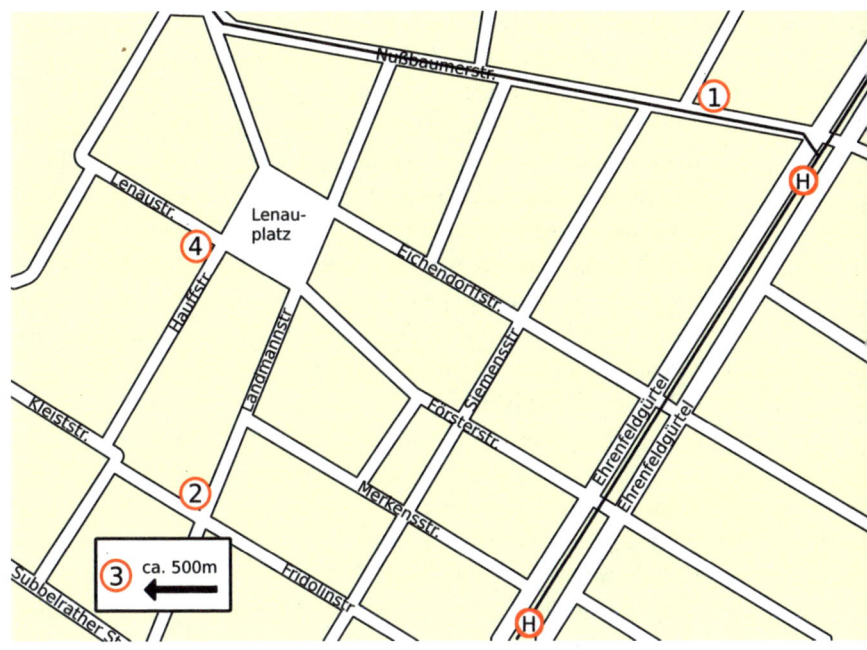

ven Sitzungen, eine Menge netter Bars und Cafés – aber nur eine sehr kleine Karnevalskneipenszene. Neben einigen über das Veedel verstreuten Läden hat sich inzwischen aber nahe des Lenauplatzes in Neuehrenfeld eine empfehlenswerte jecke Kneipenmeile etabliert.

1. Effi

Adresse: Nußbaumerstraße 86
Webseite: www.effi-koeln.de
Beschreibung: Das Effi hat sich in den letzten Jahren einen Namen gemacht, weil es zu den jungen Kneipen gehört, die verstärkt auf gute kölsche Musik setzen. Tatsächlich kann man über den DJ nicht meckern, und auch die sonstige Atmosphäre ist entspannt. Es ist allerdings fast ein bisschen zu geräumig für nette, enge Kneipenatmosphäre, am besten geht man mit einer kleinen Gruppe hin.
Publikum: 20–40 Jahre
Bier: Gaffel Kölsch

2. Haus Tutt (Früh em Tutt)

Adresse: Fridolinstraße 72/Ecke Landmannstraße

Webseite: www.haustutt.de

Beschreibung: Das Haus Tutt liegt etwas abseits der klassischen Kneipenpfade, ist aber in der Regel gut besucht, jedoch nicht so hoffnungslos überfüllt, dass man ewig anstehen muss. Ein Großteil des bunt gemischten, freundlichen Karnevalspublikums stammt aus dem Veedel. Gefeiert wird zu bekannten kölschen Liedern und Schlagern. Auch eine Kapelle mit decker Trumm kommt schon mal für ein paar Stücke vorbei. Das Kölsch kommt hier traditionell direkt aus dem Pittermännchen ins Glas.

Publikum: 25–60 Jahre

Bier: Früh Kölsch

3. Herbrand's

Adresse: Herbrandstraße 21

Webseite: www.herbrands.de

Beschreibung: Das Herbrand's ist keine Kneipe, eher eine Mischung aus Club, Bistro und Biergarten. Trotzdem taucht es hier auf, weil es das wohl beliebteste Karnevalsziel in Ehrenfeld ist. Typisch kölschen Kneipenkarneval gibt es hier nicht, stattdessen Partys, auf denen neben Karnevalsmusik auch noch alles gespielt wird, was Leute zum Tanzen bringt. Das Herbrand's ist, ähnlich wie der Stadtgarten, ein gutes Ziel, wenn der typisch kölsche Kneipenkarneval doch nicht Ihr Ding ist und Sie lieber auch mal tanzen oder wieder etwas vertrautere Klänge hören wollen. Aber Achtung: Es wird voll und kostet an vielen Abenden Eintritt.

Publikum: 20–35 Jahre

Bier: Sion Kölsch

4. Wicleff

Adresse: Lenaustraße 1

Beschreibung: Das Wicleff ist eine hübsch gelegene Veedelskneipe, die zu Karneval sehr beliebt ist – also lieber früh da sein, wenn man nicht Schlange stehen will! Im schmalen Thekenraum kann man schnell Kontakt zu anderen Jecken aufnehmen, hinten durch ist die Tanzfläche, auf der allerdings kaum Platz zum Tanzen ist, weil alles voll mit Kostümierten steht, die kölsche Lieder und den einen oder anderen Schlager mitsingen. Kleiner Besserwissertipp: Der Name wird »Witzleff« ausgesprochen, nicht etwa »Wikleff«, »Weikleff« oder was einem sonst noch einfallen könnte.

Publikum: 25–50 Jahre
Bier: Gaffel Kölsch

D'r Zoch kütt –
Strassenkarnevalstermine

Ne Kater, der krit keine Schangs, dä Kopp wie 'n decke Trumm.
D'r Zoch dröhnt fröh am Mondach los mit schingderassabumm.
Schmackes, »Dä Nubbel«

(Der Kater kriegt keine Chance, der Kopf wie eine große Trommel.
Der Zug dröhnt früh am Montag los mit Tschingderassabumm.)

Hier ein Überblick über die wichtigsten Termine und Veranstaltungen im Kölner Straßenkarneval. Die für Imis interessantesten habe ich hervorgehoben, die restlichen nur kurz aufgelistet. Versuchen Sie nicht, zu allen hinzugehen, das ist schon rein logistisch unmöglich. Viele Jecken kommen zum Beispiel durch den Karneval, ohne irgendeine Straßenkarnevalseröffnung oder den Geisterzug mitgemacht zu haben. Auch viele Veedelszüge sind so kleine Veranstaltungen, dass es sich nicht lohnt, dafür extra aus anderen Ecken Kölns anzureisen.

Alle Straßenkarnevalsveranstaltungen sind kostenlos. Manche Großveranstaltungen bieten allerdings bezahlte Tribünenplätze an – diese Karten müssen Sie aber im Vorverkauf erstehen.

Betrachten Sie alle Anfangszeiten als ungefähre Angaben!

Weiberfastnacht

Ab 9 Uhr 11: Eröffnung des Straßenkarnevals auf dem Wilhelm-platz in Nippes
Die erste Karnevalsveranstaltung des Tages: Organisiert von der Nippeser Bürgerwehr feiern die Nippeser Jecken bis zum Nachmittag auf dem Wilhelmplatz. Das Musikprogramm ist nicht so hochkarätig wie in der Altstadt, dafür kriegt man aber auch keine Platzangst und hat eine Menge netter Veedelskneipen nahebei.

Ab 10 Uhr: Eröffnung des Straßenkarnevals auf dem Alter Markt
Zugegeben, die eigentliche Eröffnung ist erst um 11 Uhr 11 dran, aber das Rahmenprogramm beginnt bereits gegen 10 Uhr. Wenn Sie dahin wollen: Rechnen Sie mit mörderischem Gedränge. Als Ausgleich gibt es die Top-Bands des Kölner Karnevals, die Sie vor lauter Menschenmassen wahrscheinlich nur hören und nicht sehen werden.

Ab 11 Uhr: Eröffnung des Straßenkarnevals auf dem Severins-kirchplatz
Sie merken schon, der Straßenkarneval wird in Köln gern und oft eröffnet. In der Südstadt haben Sie einen etwas kleineren Rahmen, um die bekannten Bands zu erleben.

Ab 13 Uhr 30: Jan-und-Griet-Spiel an der Severinstorburg mit anschließendem Umzug
Hierzu wurde ja schon im Kapitel über den Straßenkarneval einiges gesagt. Eine unterhaltsame Veranstaltung, die allerdings darunter leidet, dass viele Betrunkene auf dem Weg von oder zur Straßenbahnhaltestelle am Chlodwigplatz vorbeitorkeln. Der nachfolgende Umzug durch die Severinstraße zum Alter Markt ist der erste Karnevalsumzug der tollen Tage.
Achtung: Das Spiel findet auf der stadteinwärts (also zur Severinstraße hin) gelegenen Seite der Severinstorburg statt!

Ab 13 Uhr: JeckDance auf dem Neumarkt

Die offizielle alkoholfreie Jugendparty der Stadt – leider meist nur mit Bands aus der zweiten oder dritten Garde der Karnevalskünstler – die besseren sind eben auf den größeren Bühnen gebucht.

Ab 15 Uhr: Musikprogramm auf dem Heumarkt

Die Bands, die vorher auf dem Alter Markt und auf der Bühne am Severinskirchplatz gespielt haben, kommen jetzt am Heumarkt vorbei.

Karnevalsfreitag

Ab 18 Uhr: Sternmarsch der Veedelsvereine durch die Altstadt zum Heumarkt

Ebenfalls schon im Kapitel über den Straßenkarneval erwähnt: Zahlreiche Veedelsgruppen ziehen kostümiert von verschiedenen Orten in der Altstadt aus zum Alter Markt, wo dann die üblichen Verdächtigen der Kölner Karnevalsmusik spielen. Eine sehr junge Veranstaltung, aber recht stimmungsvoll und bunt.

Karnevalssamstag

Ab 10 Uhr 30: Funkenbiwak auf dem Neumarkt

Die Roten Funken organisieren jedes Jahr auf dem Neumarkt ein Programm mit Musikzügen, anderen Traditionsgesellschaften und »Beinahefreibier«: Wenn man einmal das spezielle Erinnerungskölschglas für circa fünf Euro gekauft hat, kann man sich den Rest der Veranstaltung lang nachzapfen lassen, so oft man will. Im Publikum mischen sich kostümierte Jecken mit Einkäufern aus der Innenstadt. Eine gute Gelegenheit, das kuriose Auftreten der Funken einmal von Nahem zu bewundern und einen schönen Eindruck vom Karneval jenseits von Rosenmontagszug und überfüllten Kneipen zu bekommen.

Ab 18 Uhr: Geisterzug

Ausführliche Infos zu diesem Zug finden Sie im Kapitel über den Straßenkarneval. Hier nur so viel: Das reine Geisterzug-Angucken macht keinen Spaß, weil es ein Mitmachzug ist. Mitmachen ist in den letzten Jahren leider auch immer öder geworden, weil zu viele Leute einfach nur mitlatschen, ohne sich um das Zugmotto zu scheren. Wenn Sie mit gutem Beispiel mitlaufen wollen, haben Sie es bis zum Jahr 2015 einfach: Mindestens so lange wird der Geisterzug unter diversen römischen Mottos stehen und sich entlang alter römischer Straßen bewegen, sodass Sie mit einer Verkleidung zu diesem Thema richtig liegen.

Der Zugweg wechselt jedes Jahr, hier der aktuelle Planungsstand für die nächsten Jahre. (Informieren Sie sich aber auf jeden Fall auch noch einmal im Internet oder in der Tagespresse über eventuelle Änderungen. Gerade der Geisterzug ist für überraschende Entwicklungen bekannt.)

2011:

Motto: Lans dr Stroß vun Zülpich noh de Therme
Zugweg: Siebengebirgsallee, Luxemburger Straße, Weyerstraße, Huhnsgasse, Mauritiussteinweg, Bobstraße, Bayardsgasse, Josef-Haubrich-Hof

2012:

Motto: Lans dr Stroß vun Bavais noh dr Westpooz
Zugweg: Aachener Straße (ab Alter Militärring), Mittelstraße, Apostelnkloster

2013:

Motto: Lans dr Stroß vun Venlo noh dr Ahle Ihrepooz
Zugweg: Venloer Straße (Höhe Akazienweg), Limburger Straße, Ehrenstraße

2014:

Motto: Lans dr Stroß vun Xanten noh dr Paffepooz
Zugweg: Niehler Straße (ab Sebastianstraße), Neusser Platz, Neusser Straße, Eigelstein, Marzellenstraße, Komödienstraße

Motto: Lans dr römische Muur

Zugweg: Mühlenbach, Blaubach, Bachemer Straße, Alte Mauer am Bach, Griechenpforte, Mauritiussteinweg, Apostelnkloster, Mittelstraße, Gertrudenstraße, St.-Apern-Straße, Zeughausstraße, Burgmauer, Trankgasse, Am Domhof, Kurt-Hackenberg-Platz, Unter Taschenmacher, Bürgerstraße, Judengasse, Obermarspforten, Quatermarkt, In der Höhle, Schildergasse

Weitere Informationen: www.geisterzug.de

Weitere Züge am Karnevalssamstag:

Auch in den folgenden Stadtteilen werden am Nachmittag des Karnevalssamstags Veedelszüge veranstaltet, genaue Anfangszeiten und Zugwege finden Sie im Internet oder in Zeitungen: Bocklemünd, Heimersdorf, Mauenheim, Ossendorf, Riehl, Wahn, Zollstock/Raderthal/Raderberg

Karnevalssonntag:

11 Uhr 11: Start der Schull- und Veedelszöch am Chlodwigplatz

Auch zu diesem Umzug wurde das meiste schon im Kapitel über den Straßenkarneval gesagt. Der Zugweg wechselt immer mal wieder ein wenig, ist aber eine abgekürzte Variante des Rosenmontagszugs. Einen genauen Verlauf und eine Karte finden Sie auf den Webseiten des Festkomitees, grob können Sie sich aber an folgendem Zugweg orientieren:

Severinstraße, Hohe Pforte, Schildergasse, Krebsgasse, Breite Straße, Magnusstraße, Alter Markt, Domvorplatz, An den Dominikanern, Zeughausstraße

Weitere Informationen: www.koelnerkarneval.de

Ab 12 Uhr: Porzer Rosensonntagszug

Porz gehört zu den Stadtteilen, die sich – da sie ja einst eigene Orte waren – noch ein eigenes Dreigestirn leisten. Das wird am Karnevalssonntag traditionell in einem großen Umzug durch fast alle

Straßen des kleinen Veedels gefahren. Den Jecken gefällt's: In den letzten Jahren wurden bis zu 40.000 Zuschauer gezählt.
Weitere Informationen: www.karneval-in-porz.de

Ab 14 Uhr: Brücker Veedelszoch
Einer der größten rechtsrheinischen Karnevalszüge, traditionell mit vielen Kindergruppen. Über 50.000 Zuschauer sind dabei, wenn sich der Zug durch die Straßen rund um den Brücker Mauspfad schlängelt. Am leichtesten erwischen Sie ihn auf der Olpener Straße zwischen den Straßen »Am Wildwechsel« und »Flebachstraße«.
Weitere Informationen: www.kg-brueck.de

Weitere Züge am Karnevalssonntag:
Auch in den folgenden Stadtteilen werden am Vor- oder Nachmittag des Karnevalssonntags Veedelszüge veranstaltet, genaue Anfangszeiten und Zugwege finden Sie im Internet oder in Zeitungen: Bickendorf, Dünnwald, Esch, Flittard, Höhenhaus, Holweide, Longerich, Lövenich/Weiden, Niehl, Porz-Langel, Stammheim, Vingst

Rosenmontag

10 Uhr 30: Start des Rosenmontagszugs am Chlodwigplatz
Der Zug, den wirklich jeder kennt, der irgendwann mal etwas vom Kölner Karneval gehört hat. Die Superlative überschlagen sich jedes Jahr aufs Neue: Über 100 Wagen, über eine Million Zuschauer, fast sieben Kilometer Gesamtlänge, 40 Tonnen Kamelle et cetera. In der Kölner Innenstadt dreht sich heute alles um den Zoch. Eigentlich ist es daher auch unnötig, einen Zugweg anzugeben. Wenn Sie irgendwo zwischen Hauptbahnhof und Chlodwigplatz innerhalb der Ringe unterwegs sind, ist es fast unmöglich, den Zug zu verfehlen.
Auch hier dient der angegebene Zugweg nur zur groben Orientierung, wenn Sie es ganz genau brauchen, sehen Sie um die Karnevalszeit in der Zeitung oder im Internet nach.

Falls Sie zu den Leuten gehören, die beim Anschauen des Zugs lieber etwas Hintergrundwissen haben: Um Rosenmontag herum ist eine spezielle Rosenmontagszeitung erhältlich, die Sie auch als PDF auf den Webseiten des Kölner Stadt-Anzeigers herunterladen können. Darin werden die einzelnen Wagen und Gruppen genauer vorgestellt, und es gibt eine Karte mit dem kompletten Zugweg sowie voraussichtlichen Ankunftszeiten der ersten Gruppen an bestimmten Orten auf dem Weg.

Zugweg: Severinstraße, Hohe Pforte, Schildergasse, Krebsgasse, Breite Straße, Magnusstraße, Heumarkt, Alter Markt, Domvorplatz, An den Dominikanern, Zeughausstraße

Weitere Informationen: www.koelnerkarneval.de

Weiterer Karnevalszug am Rosenmontag:

Ja, ein Umzug trotzt dem Karnevalsmoloch in der Innenstadt: Am späten Nachmittag setzt sich auch der Hochkirchener Rosenmontagszug in Bewegung.

Karnevalsdienstag

13 Uhr 30: Start des Ehrenfelder Veedelszochs am Lenauplatz
Der größte Veedelszoch Kölns zieht jedes Jahr aufs Neue Zehntausende Zuschauer an. Mit dabei traditionell auch das Kölner Kinderdreigestirn. Die Wagen und Gruppen ziehen die Subbelrather Straße hinauf bis zur Leyendecker Straße und von da die Venloer Straße entlang wieder stadteinwärts. Ein verkehrsgünstiger Punkt, um den Zug abzupassen, ist die Kreuzung Venloer Straße/Gürtel.

14 Uhr: Start des Südstadtzugs in der Wormser Straße
Alternativer Straßenkarneval: Der Südstadtzug wird ohne Hilfe des Festkomitees von den Veedelsbewohnern auf die Beine gestellt, dafür sind unter anderem auch die Macher der Stunksitzung und die Rosa Funken dabei. Organisiert wird das Ganze im katholischen Köln ausgerechnet von einem evangelischen Pfarrer! Der Zug endet mit einem Straßenfest vor dem »Haus Müller« in der

Achterstraße, das gut hilft, die Zeit bis zur Nubbelverbrennung zu überbrücken.

Gegen 23 Uhr: **Nubbelverbrennung vor vielen Kneipen**
Freunde des Massenevents zieht es dazu zur Ecke Roonstraße/Zülpicher Straße, wo alle Kneipen des Zülpicher Viertels gemeinsam ihre Nubbel den Flammen übergeben. Wer es lieber kuschelig-sentimental mag, sollte am besten in der Kneipe feiern, in der er auch die letzten Tage verbracht hat. Wenn man's ganz genau nimmt, ist damit der Karneval vorbei, und es sollte auch keine entsprechende Musik mehr gespielt werden. In der Praxis wird aber in den gut besuchten Kneipen noch bis in den Morgen weitergefeiert.

Weitere Züge am Karnevalsdienstag:
Auch in den folgenden Stadtteilen werden am Nachmittag des Karnevalsdienstags Veedelszüge veranstaltet, genaue Anfangszeiten und Zugwege finden Sie im Internet oder in Zeitungen: Dellbrück, Deutz, Junkersdorf, Kalk, Mülheim, Nippes, Pesch, Sülz, Zollstock

Aschermittwoch

Am Aschermittwoch ist alles vorbei …

Adressen

Wichtige Veranstaltungsorte für Sitzungen, Partys und Bälle:

Blue Shell: Luxemburger Straße 32, KVB-Haltestellen Barbarossaplatz oder Eifelwall

E-Werk: Schanzenstraße 37, Köln-Mülheim, Fußmarsch ab KVB-Haltestelle Keupstraße (Für die Stunksitzung fährt auch ein Shuttle-Bus ab Wiener Platz.)

Gloria-Theater: Apostelnstraße 11, KVB-Haltestelle Neumarkt

Gürzenich: Martinstraße 29–37, KVB-Haltestelle Heumarkt

Kristallsaal: In den Messehallen an der Deutz-Mülheimer Straße 30, KVB-Haltestellen Deutz-Messe oder Messe-Osthallen

Kulturbunker Mülheim: Holweider Straße 13, KVB-Haltestellen Keupstraße oder Wiener Platz

Sartory-Säle: Friesenstraße 44–48, KVB-Haltestelle Friesenplatz

Theater im Tanzbrunnen: Rheinpark 1, Fußmarsch ab KVB-Haltestelle Bahnhof Deutz/Lanxess-Arena oder DB-Bahnhof Deutz/Messe

Wolkenburg: Mauritiussteinweg 59, KVB-Haltestellen Mauritiuskirche, Zülpicher Platz

Wichtige Internet-Adessen für Jecken

Eintrittskarten:

www.koelnticket.de – Standard-Adresse für die meisten Veranstaltungen, die Karten in den freien Verkauf bringen. Suchbegriffe wie »Kostümsitzung« oder »Lachende Kölnarena« bringen hier schon im Frühjahr Ergebnisse, und auch die Stunksitzung lässt ihren herbstlichen Vorverkauf neuerdings hier abwickeln.

Festkomitee und offizieller Karneval:

www.koelnerkarneval.de – Die offizielle Webseite des Festkomitees, mit allgemeinen Infos, Terminkalender sowie Links zu allen großen Gesellschaften, um an Karten zu kommen, die nicht über KölnTicket vertrieben werden.
www.kk-museum.de – Die Webseite des Kölner Karnevalsmuseums am Maarweg. Mit Eintrittspreisen, Öffnungszeiten und allem anderen, was potenzielle Besucher interessieren könnte.

Alternativer Karneval:

www.deine-sitzung.de – Sitzungstermine und Infos
www.dieschnittchensitzung.de – Infos und Termine
www.fatalbanal.de – Termine und sehr ausführliche Infos
www.geisterzug.de – Mit Infos zu Zugmotto, Zugweg und Geschichte des Geisterzugs
www.imisitzung.de – Infos und Termine
www.jeckespill.de – Termine und viel zur Philosophie der Sitzung
www.roeschensitzung.de – Infos, Termine und Links zu den Websites der Künstler
www.stunksitzung.de – Mit Newsletter, Kartenbörse, Liedtexten und mehr

Bands und Musiker:

www.blackfoeoess.de

www.brings.de

www.hoehner.de

www.de-raeuber.de

www.paveier.de

Kölsche Musik:

www.lossmersinge.de – Die Mitsing-Bewegung gibt ihre Termine bekannt. Nicht nur für die Einsingabende, sondern außerhalb der Session auch für kölsche Konzerte und Partys

www.koelnermusikladen.de – Online-Shop für kölsche Musik

www.rhingtoen.de – Kölsch-Musik-Portal der Plattenfirma EMI

Sonstiges:

www.express.de – Kölns Boulevardzeitung – auch mit ausführlicher Karnevalsberichterstattung

www.report-k.de – Internet-Lokalzeitung, die auch viel über Karneval und jecke Sachen berichtet

www.rundschau-online.de – Das kleinere der beiden »seriösen« Blätter aus dem DuMont-Verlag

www.stadtanzeiger.de – Kölns größte Lokalzeitung berichtet während der Session auch viel über Jeckes

www.stadtrevue.de – Kölns linksalternatives Stadtmagazin. Die meisten der sehr lesenswerten Artikel gibt's nur im Heft, den auch in jecker Hinsicht gut sortierten Veranstaltungskalender aber auch auf der Webseite.

Lesetipps

Hier ein paar Werke, die Ihnen, wenn Sie denn noch mehr wissen wollen, weitere Informationen über den Kölner Karneval und alles, was dazugehört, vermitteln können. Einige sind allerdings nur noch antiquarisch oder in Bibliotheken erhältlich.

Brog, Hildegard: »Was auch passiert: D'r Zoch kütt«, Frankfurt 2000, Campus Verlag

Alles, was Sie über die Geschichte des modernen rheinischen Karnevals jemals wissen wollen könnten, leicht verständlich aufbereitet von einer Kölner Historikerin.

Melchert, Bruno/Klersch, Joseph: »Ajuja – jetzt gehts los!«, Köln 1988, J.P. Bachem Verlag

Ein zwar leicht veraltetes, aber sehr unterhaltsames Büchlein. Nicht als aktueller Ratgeber zu empfehlen, aber gut für Hintergrundinformationen. Der historische Abriss zum Karneval geht zwar noch vom (inzwischen widerlegten) heldenhaften politischen Widerstand des Festkomitees in der NS-Zeit aus, dafür sind die Formulierungen bei der Beschreibung typischer Karnevalssitten teils charmant angejahrt. Besonders empfehlenswert die Bemerkungen zum Thema Karnevalsflirt und seine Folgen. Zitat: »Natürlich fällt in ausgelassener Stimmung auch schon einmal ein Äpfelchen, das längst reif ist.«

Oelsner, Wolfgang: »Karneval – Wie geht das?«, Köln 2007, J.P. Bachem Verlag

Schönes, bunt bebildertes Buch, in dem das Festkomitee Kindern ab circa zehn Jahren und interessierten Erwachsenen erklärt, wie genau der offizielle Karneval mit Sitzungen und Umzügen funktioniert und was das Besondere an kölschen Liedern ist. Obwohl das Komitee als Herausgeber fungiert, wird auch zugegeben, dass die Vereinsmeierei gelegentlich den Spaß zu verdrängen droht. Das Buch entwickelt mitunter einen leicht missionarischen Charakter, vor allem, wenn am Ende karnevalsdesinteressierte Eltern gebeten werden, ihre Kinder nicht durch Urlaub der eigenen Karnevalserfahrung zu entziehen. (»Wenn Leute wie Sie mitmachen, müssen unsere Kinder das Fest nicht jenen Krawallköpfen überlassen, die es als Sauf- oder Dauerparty missverstehen.«) Insgesamt ein gelungenes und sympathisches Buch, das einen guten Überblick gibt.

Oelsner, Wolfgang / Rudolph, Rainer: »Karneval ohne Maske«, Köln 1987, Greven Verlag

Dieses Buch lohnt sich vor allem für den bereits hoffnungslos dem Karneval verfallenen intellektuellen Jecken, denn hier kann er psychologische und historische Erklärungen für seine Leidenschaft finden.

Wenn Sie gern von der »Regression per ›Ajuja‹ und ›Ententanz‹« und dem »spielerisch-jecken Umgang mit der anderen Geschlechtsrolle« lesen, finden Sie hier ein Werk mit echtem Tiefgang, das glücklicherweise immer den Spaß am Thema behält und nie zur spröden wissenschaftlichen Abhandlung degeneriert.

Resch, Helga: »Der Karnevalsknigge«, Köln 2010, Kiepenheuer & Witsch

Umfangreiches, alphabetisch sortiertes Werk, das dem Imi vor allem zum Thema Vereins- und Sitzungskarneval noch viel mehr Feinheiten verrät, als in dieses Buch gepasst haben. Zur Session 2010 frisch auf den aktuellen Stand gebracht.

Schmitz, Wolfgang (Hrsg.): »Zwischen Stunk und Prunk«, Köln 1991, Volksblatt Verlag

Interessante Aufsätze nicht nur zur Stunksitzung, sondern ganz allgemein zum Konfliktfeld Karneval versus Kabarett, organisierter Frohsinn versus jecke Anarchie. Zur Auflockerung gibt's obendrauf noch ein paar satirische Abrechnungen mit dem offiziellen Karneval, ein Interview, in dem Wolfgang Niedecken die Höhner als »geschmackliche Streikbrecher« tituliert, sowie Fotos und Skripte besonders schöner Stunksitzungssketche aus den ersten Jahren.

Mit Dank

an Selda Akhan, Jürgen Becker, Peter Brings, Helmut Frangenberg und Georg Hinz für aufschlussreiche Beiträge und Gespräche. Außerdem natürlich an Sonja Erdmann und Christel Steinmetz vom Emons Verlag, die dieses Buch und seinen Autoren geduldig betreuten.

Privater Dank gebührt Francesca und Elmar, ohne die ich als norddeutscher Imi nie auf die Idee gekommen wäre, Karneval eine Chance zu geben, sowie Johannes und Vanessa, die jeck genug sind, um sich auch jenseits der Session mit ihnen über den Fastelovend unterhalten zu können.

Nicht zuletzt danke ich auch meiner Freundin Deniz aus Istanbul, die geduldig (und ob ihrer Unkenntnis des kölschen Karnevals oftmals leicht befremdet) meine langen Schreib- und Recherchephasen ertragen hat und hoffentlich im nächsten Jahr selbst zum ersten Mal persönliche Bekanntschaft mit dem Kölner Karneval machen wird.

Zum Autor:

Jens Baumeister, Jahrgang 1975, ist inzwischen jedes Jahr total jeck, musste aber zuvor selbst erst lernen, wie Karneval geht. Nach einer Jugend im Emsland verschlug es ihn 1996 nach Köln, wo er erst Theaterwissenschaft und später Drehbuchschreiben studierte. Nebenher kapierte er endlich, was die Kölner am Karneval so toll finden. Er schrieb mehrere Jahre fürs Fernsehen, lebt jetzt als freier Autor in Köln und findet jedes Jahr, dass die Zeit zwischen Aschermittwoch und dem 11.11. viel zu lang geraten ist.

Den Autor erreichen Sie unter info@karneval-fuer-imis.de

Weitere Informationen gibt es dort: www.karneval-fuer-imis.de